PONTE LAS PILAS

Primera edición impresa en Estados Unidos: 2014
ISBN-10:1940106001
ISBN-13:978-1-940106-00-7
Mio House Publishing, Los Angeles, California
www.MioHouse.com

PONTE LAS PILAS

CARLOS MÁRQUEZ

MIO HOUSE PUBLISHING

A mis hijos Nico, Tyler, Savannah y a mi esposa Mónica.

Los motores del tren de mi vida.

PARA MIS PAPÁS, donde cabían cuatro, cabían seis y llegamos a caber hasta diez. El espacio diminuto del departamento no era importante. Llegaban parientes de todas partes, mis padres los recibían y les daban hospedaje. Una cobija en el suelo, un colchón más que brincar para llegar a la cocina.

Todas las incomodidades se justificaban porque era un deber recibir con gusto de resucitados a todos los primos, primas, tíos, tías y hasta aquellos que aseguraban ser hijos de amigos de los amigos que dejaron en sus respectivos pueblos de México. Para todos había un espacio en aquel departamento en el que originalmente apenas cabíamos, mi mamá, mi papá, José, mi único hermano, y yo.

Para colmo yo era gordito, tartamudo y el blanco favorito de todas la bromas de la familia y de los que venían del otro lado. El resultado de esta forma de vivir fue un niño infeliz que odiaba su situación y buscaba de manera desesperada encontrar la salida.

Recuerdo un día que estaba sentado frente al departamento con unas de mis primas; desde el quicio de la puerta, podíamos divisar la loma que pertenecía a Palos Verdes. Qué diferentes eran las calles de la ciudad vecina. Todas limpias, con líneas blancas en el centro bien marcadas. Las casas eran grandes con enredaderas de colores que trepaban por las paredes; todas tenían jardines enormes y muy bien cuidados. En nada se parecía al barrio de San Pedro, donde vivíamos. La barredora pasaba sólo una vez a la semana y la basura se acumulaba en las esquinas. Las casas eran pequeñas, había edificios de departamentos despintados. Los niños jugábamos en las calles. No había parques, ni tampoco jardines frente a las casas.

¿Sabes qué? Le dije a mi prima, un día yo voy a comprar una casa allá arriba, en Palos Verdes. ¡Estás loco! fue su respuesta. Ahí fue cuando descubrí que el primer obstáculo a nuestras metas son las personas *que nos rodean.* No comparten nuestra visión. No lo ven porque no lo han logrado. Si tú me dices que quieres llegar a ser el dueño o dueña de una gran empresa y yo soy un obrero que me veo trabajando en la misma fábrica toda la vida, mi respuesta va a ser: "¡Estás loco, eso no se puede hacer!." Pero si tú se lo dices a alguien que ya lo logró, o tú me lo dices a mí, yo te voy a contestar: "Excelente, te voy a enseñar cómo lo puedes hacer." Para mi es fácil, porque ya lo he hecho. Todos lo podemos lograr. Tú también lo puedes lograr. No importa que tus papás no hayan tenido nunca un negocio o que no tú no hayas terminado la escuela. Yo vengo de una familia que no tenía ningún negocio y tampoco terminé la escuela. Y hasta ahora, nadie ha pedido ver mis certificados escolares. Sé lo que es venir de cero. Mi papá nos crió con el sueldo mínimo y las propinas que le daban como *bus boy* en un restaurante; mi mamá limpiaba cuartos de hotel.

Mi papá nunca aprendió a manejar, nunca vio la necesidad. Su trabajo estaba a dos cuadras. ¿Para qué aprender a manejar? Mi mamá no pensaba lo mismo. "Abel. Yo voy a aprender a manejar. ¿Crees que voy andar en el bus el resto de mi vida?" Sin más maestro que su deseo de aprender, mamá se puso un día al volante y pisó el acelerador de nuestro primer carro, un Ford Thunderbird. Era una lancha con focos enormes que se abrían y se cerraban al empujar un botón. Le llamábamos "El Palomo" por su color blanco. Yo me sentía que me transportaba en una nave fantástica.

Yo sé lo que es venir de una familia sin dinero y sin documentos para trabajar en el país. Mis papás arreglaron sus papeles gracias a la amnistía que dio el presidente Ronald Reagan en 1986. Pero yo no vi mucha diferencia de cuando ellos eran indocumentados. No aprovecharon las oportunidades que se les ofrecían a cada paso, ya con su condición de documentados.

Esa falta de visión nos afectó mucho a mi hermano y a mí. Poco a poco, casi sin darme cuenta, empecé a sentir un rencor inexplicable en contra de mis papás. Me volví aún más retraído y ellos nunca me preguntaron que me pasaba. Cosa de chamacos, ya se le pasará. Pero no se me pasó, al contrario, creció con el tiempo. Yo sé lo que es guardar un enorme rencor en contra de los papás. La primera razón fue porque tuvieron la oportunidad de comprar una casa para que mi hermano y yo viviéramos más cómodos y no lo hicieron. Todavía recuerdo a doña María, una vecina, y sus hijos Marisela y Fernando, que eran de mi misma edad; fuimos a la misma escuela y ellos sí compraron casa, muy cerca de donde vivíamos. Me acuerdo que un día doña María le dijo mi mamá:

– Doña Antonia, la casa de al lado, de donde vivimos, se va a poner de venta. Esa casa la van a dar en $40,000 dólares. ¡Cómprenla!

– No, pero ¿Cómo vamos a calificar? No, no, no, no. Doña María cómo cree. Cómo vamos a pagar tanto dinero. No. Ni Dios lo quiera. Doña María insistía.

– El dinero viene solo. Ya verá. Tenga fe. Usted cómprela.

Yo, lo que pensé en ese momento, es que Doña María extrañaba mucho a mi mamá y la quería tener de nuevo como su vecina. La respuesta de mi papá no fue muy diferente.

– ¿Para qué queremos casa si aquí estamos muy bien?

Mi papá venía de un pueblo llamado Los Haro, cerca de Fresnillo, Zacatecas, donde la mayoría de las casas, cuando era niño, tenían piso de tierra. Las paredes eran de adobe, pocas eran de ladrillo. Y a lo más que podían aspirar en ese pueblo era a tener un animalito para sacrificarlo durante las fiestas de San Rafael. Mi papá sentía que a su familia no le hacía falta nada. Para él, un departamento con su cocina, con alfombra, con agua caliente, era un lujo que nunca pensó tener. Había logrado el sueño americano. Mi mamá pensaba igual: sus hijos debían estar muy agradecidos porque tanto ella como mi papá no gozaron de las "comodidades" que tenían sus hijos. Los dos se sentían felices de sus logros y no aspiraban a nada más. Para ellos, el tamaño diminuto del apartamento no era importante, ni tampoco el hecho de que apenas cabíamos en aquella cocina en la que teníamos que tomar turnos para comer, porque no cabíamos todos sentados. Tampoco le daban importancia al maltrecho estado de la alfombra que con la humedad ya amenazaba con levantarse de las esquinas.

En silencio yo repetía. *No. No. No puede ser que no vean cómo vivimos.* Todos amontonados. Con un solo baño. Yo recuerdo el coraje que sentía y cómo se iba acumulando el rencor dentro de mí al ver que todos mis amigos, poco a poco, iban mudándose a su propia casa mientras que mi hermano y yo seguíamos apretujados en aquel departamento al que seguían llegando parientes y amigos del otro lado.

❧ ☙

Ahora sé que no son tus circunstancias las que te atrasan; es como tú reaccionas ante tus circunstancias. Vivir en ese edificio de departamentos, escuchar cada sábado desde que amanecía hasta que anochecía la música de El Buki, los olores a pino sol y los niños de las vecinas, tristes, descuidados, no hacían otra cosa más que llorar. Era un llanto desesperado al que nadie respondía. Desde entonces dije: "Yo voy a sacar a mi familia de aquí; la voy a sacar, porque la voy a sacar." Y a la edad de 21 años, le compré una casa a mi mamá en Miraleste, una ciudad con vista al Puerto de San Pedro. ¡Qué linda la casa de mi mamá!

◦ ◦

En este libro, te voy a enseñar cómo alcanzar tu éxito personal, porque yo ya lo hice. Yo sé lo que es venir de la nada, y lograr algo sin dinero, pero gracias a los buenos mentores que tuve, aprendí cómo gatear, caminar y correr. Y desafortunadamente, el día de hoy todos quieren correr sin haber desarrollado habilidades para estar fuertes en el mercado.

◦ ◦

Yo tenía 14 años de edad cuando mis papás me llevaron a una casa vieja. Había gente sentada, parada, unos entraban, otros salían y los que iban llegando tomaban un número de una maquinita pegada a la pared, como las que había en la carnicería donde mi mamá acostumbraba ir cada semana.

– ¿Oye papá, qué es lo que estamos haciendo aquí? le pregunté.

– Mijo venimos a preparar los *taxes*. Ve y agarra un número. Fui por el número y en lo que iba caminando conté las personas que estaban allí, y yo dije: "¡Wow!, aquí sí hay dinero," porque donde estaba la maquinita de los números, ahí también estaba una lista de precios de lo que iban a cobrar, según su estado civil: Casado, $45 dólares. Cabeza de familia, $65 dólares. Estaban cobrando buen billete, pensé. Fui haciendo las cuentas. Este 65; aquel, 65; este parece soltero, este va a ser 45.

Pasaron dos meses, y un día miré un anuncio en una revista

que se llama *PennySaver*, no lo podía creer, ahí anunciaban cursos de preparación de impuestos: Con la revista en la mano, corrí a buscar a mi mamá.

– *Oye mamá*, ¿Me puedes meter a este curso de taxes?

– *¡Tú!*, ¿Quieres hacer taxes? ¿Estás loco? No mamá. Yo sólo quiero hacer impuestos…

– ¿Y vas a poner atención?

– Muchísima mamá, tú llévame y vas a ver que si lo voy hacer.

El curso costaba 300 dólares. Era una oficina de preparación de taxes en la ciudad de Lomita, California. Tomé el curso. Mi mamá tenía que madrugar para llevarme y llegar a tiempo a su trabajo de limpiar cuartos. Me dejaba ahí dos horas antes de que empezara la clase. El curso me fascinó, se me hizo facilísimo. Al terminarlo nos ofrecieron la oportunidad de trabajar con ellos. Yo fui el primero en llenar la solicitud.

Al terminar el curso, se acostumbraba que ellos mismos contrataran a los que lo terminaran con notas sobresalientes. Me citaron a una entrevista en la ciudad de Torrance. Llegué en *bus* una hora antes de la cita. La maestra que nos había dado el curso les dio muy buenas referencias mías. Cuando llegó mi turno, el hombre que me entrevistó me dijo: ·"Ya le dimos trabajo a dos muchachos que tomaron el curso contigo." Al escuchar esto, la emoción no me cabía en el pecho, *ya la hice, me van a dar trabajo.* "Pero desafortunadamente a ti no te vamos a dar trabajo." *¿Pero cómo que a mí no me van a dar trabajo, ¿Por qué no?* A ti no te vamos a dar trabajo porque tienes 14 años. Entonces yo dije, *bueno, sí tengo 14 años, aunque sea pónganme de recepcionista.* La explicación continuaba. "Para firmar los taxes tienes que tener por lo menos dieciocho años de edad." Así lo dice la ley. Yo insistía. Pónganme entonces de recepcionista. La respuesta me dejó helado: "No. Para darte trabajo tú tienes que tener 16 años y contar con un permiso de la escuela." Mis calificaciones en la escuela no eran muy buenas que digamos. "Pero te ofrecemos una alternativa," siguieron. "Tú puedes trabajar con nosotros y te vamos a pagar por *tips*." Yo no sabía lo que eran *tips*. A los lugares que íbamos a comer, no se acostumbraba dejar propina.

Ellos me explicaron: "Hay personas que les hemos dado trabajo pero que, desafortunadamente, no les gusta el sistema de la computadora." En ese tiempo estaba cambiándose el sistema de hacer los impuestos en computadora en vez de hacerlos a mano. "Tú vente, cuando salgas de la escuela, haz el trabajo y te van a dar propinas al final del día." Yo dije: *Me gusta la idea.* Salía de la *Dana Junior High School* en San Pedro y me iba en el *bus* a la ciudad de Lomita. Llegaba como a eso de las 3:30 o 4:00 de la tarde y me quedaba hasta las 8 de la noche.

Nunca llegué a la casa con menos de 40 dólares. Estamos hablando de 40 dólares en 1993. Me sentía el adolescente más rico de la escuela. A todo mundo le disparaba. *¿Qué quieren? Soda, pastel, papitas, pizza. Escojan lo que quieran. Yo pago.*

Llegó la mitad del año, yo ya me había gastado el dinero y no tenía ahorros, fue cuando se me ocurrió que iba a poner un puesto en un *swap meet, para eso me* metí a una *cundina*, también le comencé a ayudar a un hombre que se llamaba Bob, tenía como 70 años de edad. Me pagaba de $20 o $30 dólares al día para sacar toda su mercancía en la mañana y luego meterla al final del día.

Cuando conocí a Bob, pensé que era el hombre más pobre del mundo. Andaba con pantalones rotos, caminaba como si le dolieran los pies. Después descubrí que era multimillonario. Bob se convirtió en mi primer mentor y cuatro consejos que me dio transformaron mi vida.

Te los voy a compartir. Bob ya murió y si no hubiera sido por él, no habría logrado lo que he logrado en la vida. Los consejos que me dio los puse en práctica y llegué a tener una compañía con más de 150 sucursales.

A los 15 años ya había decidido que iba a tener mi propia oficina. *No sé cómo, pero yo voy a conseguir el dinero. No le voy a decir a nadie.* Quise hacer unos pequeños ahorros. Debo decirte que yo aprendí muy joven a ganar dinero, pero no aprendí a guardarlo, así que tú debes aprender a ahorrarlo.

Yo sé lo es generar mucho dinero y sé también lo que es perderlo y no quiero que eso te pase a ti. Te voy a enseñar cómo no perderlo ya que lo has ganado. Yo nomás contaba billetes. Y qué bonito es eso. ¿Te acuerdas que te dije que yo era muy gordito? Bueno con el éxito económico aumentó también mi problema de sobrepeso. Llegué a pesar 490 libras. ¡Sí, casi media tonelada! Era un modelo de cuerpo entero. Yo recuerdo que me decía: *Bueno, tengo dinero, tengo mis oficinas, pero me sentía solo.* Ni con el dinero me querían las muchachas, estaba muy gordo. Seguro que decían. "No, ¡éste me mata!" Tomé un año de descanso y dije: *Me voy a enfocar en mi salud porque la cosa no va bien. ¿Qué gano con tener tanto dinero si apenas me puedo mover y me siento mal de salud.* Me empezaban a dar ataques de ansiedad y sentía que se me iba la respiración. Esto me empezó a pasar muy seguido.

En una ocasión, en plena temporada de impuestos, un empleado me encontró tirado en el piso. Me internaron en el hospital. Más que diagnóstico, el doctor me dio la sentencia. *"Eres una bomba de tiempo"* me dijo. Dejé todo en manos de dos personas de toda mi confianza. Los dos me habían mostrado cariño y lealtad. Les dejé un sello con mi firma para los cheques. Grave error.

Me fui de vacaciones, me dediqué a mi salud. Probé todos los productos naturales, algunos funcionaron, otros no. Tomé una decisión drástica sobre mi peso la tomé. En menos de seis meses mi peso era de casi 300 libras menos. Hasta la fecha sigo haciendo ejercicio para mantenerlo.

Pasaron como ocho meses. Me fui de vacaciones, a mi regreso fui al banco a retirar dinero de esa cuenta. Cuando la cajera vio que quería retirar $9,000.00 dólares, me miró, revisó otra vez la cantidad, no dejaba de ver la computadora. Yo había dejado cien mil dólares en esa cuenta, así que no entendía lo que pasaba. La pregunta me dejó sin respiración. "Sr. Márquez, ¿usted quiere decir nueve dólares y doce centavos? Porque eso es todo lo que tiene en su cuenta."

Dije: *¿Cómo que 9 dólares? ¿Cómo...?...No entiendo...*

Cómo lo iba entender si desde los 14 años yo simplemente me había dedicado a ganar dinero y perderlo así de un día para otro. Aunque tenía más dinero en otras cuentas, eso me dolió mucho, muchísimo. Sobre todo, porque no fue por mis acciones, sino por la confianza que puse en gente que no debía, pero uno de los dos era de mi familia. Después empecé a atar cabos. Cuando iba a la oficina, miraba a mi pariente con su carro nuevo, a mí empleada también con carro del año y su mamá con otro carro del año. Yo decía, pues qué bueno. Sin imaginarme que todo eso salía de mi chequera.

Algo que aprendí fue a no confiar en nadie ciegamente en un negocio, aunque sean de nuestra familia. Tuve la opción de denunciar a mi pariente. Fui con un abogado dispuesto a demandarlo. Pero semanas después me enteré que la mamá de mi primo estaba muy enferma.

Para entonces, mi abogado ya había contratado a un investigador para que me diera detalles de todas las transacciones que habían hecho. El abogado me preguntó: Carlos, ¿Qué quieres hacer?.. *Nada. Nada.* "Ahí que muera.." ¿Estás tú loco? Dijo: *No, ahí que muera, no quiero causar conflictos en la familia.* Y agregué; *me podrán quitar mi dinero, pero no me pueden arrebatar mi habilidad para*

9

volver a ganarlo. Resignado me dijo: Tienes razón, eso nunca te lo van a poder quitar, pero..."Métdos al bote.." Dije, *no, no, no, ahí que muera.*

Durante ese tiempo, el mercado de bienes raíces estaba en su apogeo, decidí entrar a ese negocio. A los 90 días de sacar mi licencia, realice 17 transacciones, donde yo representaba al dueño y al comprador. Porque aprendí que así se ganaba más. Cuando el mercado de bienes raíces cambió, yo había cerrado más de 40 transacciones. Pero no me gustó la forma en que los bancos se portaron y dije, *esto no es para mí. Esto no me gusta.* Dejé el negocio de bienes raíces y retomé mi negocio de taxes. Y decidí que ahora lo iba hacer de manera diferente. Seguí el modelo de McDonald's: ayudar a más personas a tener su propio negocio, siguiendo un modelo establecido con estructura y compartiéndoles mis conocimientos. Así nació la idea de las franquicias. Mi razonamiento fue. *Si yo te enseño a ti a hacer lo que yo hago y tú sigues al pie de la letra mis instrucciones, lo vas a poder hacer. Yo te apoyo y me das un porcentaje de tus ganancias, igual como McDonald's.*

En el primer año vendimos 40 franquicias y llegué a tener casi 200. Eso me funcionó muy, pero muy bien. Pronto descubrí que era otro mundo, yo le digo a la gente que yo crié esta compañía de franquicias para tener mi propia audiencia, porque a mí me fascinaba entrenarlos y equiparlos.

El principio no fue fácil. *Tú me dijiste que aquí me iba a llegar gente...¨ ¿Aquí? Pero si estás tan escondido que a hasta a mi me costó trabajo encontrar tu oficina. ¿Cómo esperas que los demás te encuentren?* Algo que yo aprendí, es que cuando la gente empieza a culpar a los demás de sus errores, se quitan el poder. Por eso cuando algo falla en mi negocio. Yo asumo la responsabilidad, por desgracia, muchas personas no piensan así y dicen: "La culpa es tuya, la culpa es tuya.¨

Recuerdo que el director que contraté para que supervisara

el crecimiento de mi compañía, me decía durante los seminarios de impuestos, que impartía y a los que llegaban más de 1000 personas: "Wow, esta gente va a mover mucho dinero" Para él todo era dinero. No para mí. A mí me motivaba ver a la gente aprendiendo, apuntando, aplicando a su vida lo que yo les enseñaba en esas reuniones. Eso me llenaba de gusto. Y descubrí así, lo que yo realmente quería hacer en la vida. Yo te pregunté: ¿Qué es lo que harías tú, qué es lo que harías tú, que hasta pagarías por hacerlo? ¿Qué es lo que harías tú, que no pudieras vivir sin hacerlo y que hasta estuvieras dispuesto a pagar? Yo encontré mi respuesta: dar seminarios sobre cómo desarrollar tus habilidades. Sobre cómo alcanzar el éxito.

Muchas veces nuestro éxito está ahí, a nuestro alcance, pero uno no lo mira y ocupamos que alguien nos diga: "Mira, ahí está."

Mi primer dilema es que no quería que me llamaran motivador. "Ser un motivador, ni lo mande Dios, porque yo me había fijado que la motivación en el mercado hispano la relacionaban con multiniveles. No tengo nada contra los multiniveles pero me di cuenta que ese es el gancho que usan muchos para meter a personas a ese tipo de negocio.. "Que va a haber una plática de esto," "Que va haber una plática del otro" y al final les quieren vender las pastillas verdes. La gente queda con un mal sabor de boca. El truco de ellos es vender, vender y vender. Yo dije: "Yo no quiero estar en esa categoría."

Yo sé lo que es venir de nada, lo que se dice nada y lograr mucho, sin dinero. Algo que quiero que entiendas es la importancia de desarrollar tus habilidades. Una persona que desarrolla sus habilidades sobrevive a cualquier crisis que se da en cualquier época de su vida. Un ejemplo es lo que se dio en el mercado de bienes raíces. Muchos llegaron corriendo y desaparecieron, pero los que desarrollaron habilidades se quedaron y todavía están fuertes en el mercado.

ℒ๑ ๑ℒ

Contesta esta pregunta: ¿Los problemas que tienes en este momento en tu vida se pueden solucionar con dinero? Muchos dirán que el dinero no es todo, pero si es muy necesario. ¿El problema que tienes con la pareja? ¡Dinero! ¿El problema que tienes con los hijos? ¡Dinero!

La mayoría de los problemas que tenemos en la vida, se pueden solucionar con dinero. Te voy a compartir lo que aprendí de mi primer mentor, Bob. Un hombre que sin haber cursado la secundaria logró acumular una fortuna con un puesto en el *swap meet*. Bob compraba mercancía en subastas y luego la revendía. Tenía una habilidad especial para saber quién era realmente pobre y a ellos no les cobraba. Yo pensaba: *Pues este señor cómo hizo su dinero si todo lo regala. Con que saque para pagarme está bien.* "Carlos, te voy a ayudar porque yo veo algo en ti." ¨Qué es lo que ve en mi.¨ Le pregunté. ¨Veo que tienes hambre.¨ *Pues claro que tengo hambre. Qué no ve que estoy bien gordo. Pero él me explicó que era otro tipo de hambre.*

"Me refiero a que he estado vendiendo en el "Harbor Collage Swap Meet" desde que abrió y he contratado a muchos jóvenes y los he visto gastar su dinero, antes de ganarlo. Caen víctimas de su propia ambición y no logran nada. En ti veo algo. Yo te voy ayudar, pero hay cuatro reglas que debes seguir.

ℒ๑ ๑ℒ

Cuatro reglas que he seguido y que sin ellas no hubiera logrado lo que tengo hoy en día.

PRIMERA REGLA: NO EXCUSAS, NI PRETEXTOS

YO TE VOY a ayudar, me dijo, te voy a guiar para que tengas no solamente tu oficina y tu propio puesto en el *swap meet*, sino que te voy a enseñar a desarrollar ciertas habilidades para obtener riqueza. Pero no te voy a aceptar ni una excusa, ni tampoco ningún pretexto. Las excusas son mentiras bien planeadas. Si tú me empiezas a dar excusas o algún pretexto, ahí termina el aprendizaje. Las excusas y los pretextos son los que mantienen a la gente en la ruina toda su vida, me aseguró.

Yo lo sé porque a lo largo de mi vida, he escuchado a tanta gente argumentar tantas excusas: A mí me gustaría aprender cómo hacer un negocio, pero ya estoy muy viejo. No tengo suerte. Soy muy tonto. Ya no se me pega nada. No tengo papeles. No fui a la universidad. No tengo quién me cuide a los niños. No tengo tiempo. Todas estas, son excusas, nada más que excusas y más excusas.

Yo también utilicé muchas excusas. La primera que usé fue que estaba muy gordo para avanzar en lo que quería. Yo quería tomar un curso de bienes raíces para aprender más. Fui a una oficina de *Century 21* en la ciudad de Torrance. Me asomé por la ventana para ver cómo eran las sillas. Vi que no me iba caber ni una pierna en esas sillas. Y no entré. No tomé el curso que me hubiera ayudado a avanzar aún más y desafortunadamente, hay personas que para todo tienen excusas porque dicen "¡Ay! yo ya lo intenté pero fracasé; ya traté, pero no me funcionó; quise hacer algo pero no salió como yo quería." Las personas te reconocen por las excusas que tú usas todos los días. ¿Quién no conoce a una persona que tiene excusas para todo? Tú tienes que elegir excusas o resultados. Todos queremos resultados, pero va a haber resultados buenos o malos. Si yo pongo un negocio y fallo ¿Obtuve un resultado? Sí, falló y ahora sé qué es lo que tengo que hacer para que funcione bien. En mi vida, yo he tenido más fracasos que éxitos. He perdido mucho dinero, por andar de creído, por olvidarme de las enseñanzas de mis mentores, pero me vuelvo a levantar.

Bob me dijo en una ocasión: "Carlos el 98% de la población en Estados Unidos va a estar en la miseria cuando llegue a los 65 años." ¿Por qué? le dije. Porque van a depender del cheque del seguro social para vivir. Y ese dinero no les va alcanzar para nada. Cuando Bob me dijo eso yo dije, ¡Wow!

Yo tenía como costumbre, todos los días, después de la escuela, llegaba a una Newberrys. Una tienda chiquita, era como una Walmart, tenía un poco todo. La dependienta se llamaba *Shirley*. Ese día le pedí chocolate extra en la malteada. Observé por primera vez cómo caminaba con dificultad. Llevaba puestos unos zapatos de suela de hule como de enfermera. Sus zapatos se me hicieron muy grandes para sus pies. Apenas se podía mover. El pulso le temblaba a la hora de colocar la nieve en el recipiente donde luego la mezclaba con leche. Muchas veces, tenía que recargarme en el mostrador para sostenerle el vaso porque la nieve se le caía, no atinaba a ponerla en el vaso. En ese momento, me acordé de lo que me había dicho Bob. Pensé: *¿esta señora no*

tiene dinero como Bob? Asumí que por su edad, debía de conocer a Bob. No me iba a quedar con la duda.

– Shirley, ¿Conoces a Bob, el del *swap meet?*

– No, no sé quién es. Insistí.

– Mmm. No conoces a Bob. El del *swap meet.*

– No, nunca he ido al *swap meet.* No tengo carro.

En todo el tiempo que llegué a comprar mi malteada, nunca le había hecho preguntas. Me limitaba a ordenar mi hamburguesa, mi malteada, comía y salía sin despedirme. Ese día fue diferente. Por lo que me había dicho Bob, toda mi atención estaba enfocada en ella. Me atreví a preguntarle.

– Shirley, ¿cuántos años tiene?

– Tengo 79 años y en junio cumplo 80. Me dijo sin asomo de molestia.

– Este trabajo, ¿es tu hobby?

– No que hobby. Si no fuera por este trabajo, estaría viviendo en la calle.

– ¡Qué! ¡Qué! Pero si ya trabajaste toda tu vida.

– Sí y junto con mi esposo crié a mis cuatro hijos. El trabajó para la misma compañía durante 30 años y gracias a eso recibo una pensión al mes de 228 dólares y también recibo mi cheque del seguro social. Pero eso no me alcanza para nada.

Todo esto me lo decía mientras trataba de vaciar la malteada de la batidora a un vaso cristalino. Parte de mi malteada quedó regada en el mostrador. Yo me ofrecí a limpiarlo. Mientras lo hacía, me hice la promesa que yo no terminaría como Shirley. Enfrente de mí tenía a alguien que pertenecía al 98% del que me había hablado Bob, pero no me iba a ir sin averiguar por qué ella no era rica como Bob. De seguro que no había ido a la escuela.

– Me gradué en Liberal Arts. ¿Es eso una profesión? Le pregunté.

Shirley siguió todos los pasos que le dictó el sistema y

también la sociedad. Se casó, tuvo hijos. Su esposo trabajó en una empresa grande toda su vida. Fue a la Universidad. Ella pensó que al final de su vida iba a estar bien. Pero el sistema le falló a ella, pensé. Yo no quiero que ese sea mi destino. Yo no quiero verme como Shirley a su edad: sin dinero y depender de un trabajo para no terminar en la calle.

Lo que pasa es que mucha gente no vive, sobrevive con lo que recibe del Seguro Social. Hay que recordar también que ese programa se creó calculando que la mayoría de los habitantes en Estados Unidos íbamos a morir a los 65 o 70 años y ahora estamos viviendo mucho más que antes. Esto hace que necesitemos más ingresos y lo que da el Seguro no es suficiente y menos si es el único ingreso con que se cuenta a la hora del retiro. Al Seguro Social se le está acabando el dinero, no es porque no haya mucha gente contribuyendo, es porque la gente está durando más.

Yo tengo a mi abuelita, Ignacia Vásquez Ruiz, ella tiene 93 años y camina hasta más rápido que yo. Vive bien. No le falta nada, sus hijos la mantienen. Pero Shirley no recibe ayuda de sus hijos como mi abuelita y es que en el sistema americano, los hijos no mantienen a los papás. Nosotros sí. Mantenemos no nada más a la abuelita, sino también a la bisabuela, a los papás y a toda la parentela que vive con nosotros. Los chinos también hacen lo mismo. No es así con la familia de Shirley que tenía que seguir haciendo malteadas y servir hamburguesas a sus casi 80 años de edad.

Ese fue el momento en que entendí lo que Bob me quiso decir. El 98% de la población tiene excusas, el 2% de la población tiene resultados. ¿Qué quieres tú? Si las cosas no te han salido como has esperado, ponte a evaluar qué fue lo que falló, cámbialo y hazlo diferente.

Hay una canción que canta Alicia Villarreal que dice; "Tropecé de nuevo con la misma piedra" Eso es como volver a hacer lo mismo que falló. Hay que hacer a un lado esa piedra, de lo contrario uno va a seguir cayendo una y otra vez en lo mismo. Hay que cambiar la forma de hacer las cosas.

Un ejercicio que te voy a pedir que hagas ahora es que cierres momentáneamente este libro y escribas cinco de tus mejores excusas, las mismas que has utilizado para no desarrollar tus talentos; tus habilidades, las que te han servido para no poner en práctica tus dones. Todos hemos nacido con dones y habilidades, pero los tenemos dormidos y utilizamos excusas para no desarrollarlos.

¿Cuáles son tus excusas? Yo he escuchado muchas: Estoy muy viejo, estoy muy gordo, no hablo inglés, no puedo hacer nada porque tengo niños, estoy estancado, no estoy motivado, la economía anda muy mal, no hay trabajo, la culpa es del gobierno.

Quiero que ahora leas en voz alta tu lista de excusas. Porque esas excusas son como la gente te percibe. Cuando la gente piensa en ti; piensa en eso, en tus excusas. La gente no se acerca al que da excusas, se acerca y apoya al que da resultados. Yo te pregunto: ¿Quieres ser reconocido por tus excusas o por tus resultados?

SEGUNDA REGLA: NO OPINIONES NI SUGERENCIAS

EN OTRAS PALABRAS: "Cállate la boca, porque en el momento que tú me des una opinión o una sugerencia se acaba el trato Carlos." Me advirtió Bob, ¿sabes por qué? Porque la gente que es insegura tiene muchísimas opiniones y sugerencias. Pero nunca han hecho nada.

Esto lo pude comprobar muy bien. En mis talleres y seminarios, las personas que más opiniones tenían, eran los que menos resultados obtenían. "Si tú no has obtenido resultados en la vida no me hables.." Eso fue lo que me dijo Bob.

Te doy un ejemplo:

Conozco a una señora que hace un pozole muy rico, rojo, con grano, le pone un chile rojo muy sabroso. Lo sirve con cebolla y cilantro. A mí me gusta comérmelo con tostadas. Para mí es el pozole más rico del mundo.

Yo no sé cocinar pozole. No sé cómo comenzar. No sé qué tipo de carne lleva. Imagínate que yo voy a la casa de la señora y le pido que me comparta su receta. Ella empieza a cortar la carne, le pone los chiles y cuando le va a poner las especias, yo le digo. "Oiga no, yo vi por la televisión que de eso no se le echa" ¿Quieres que te enseñe, Carlos? Entonces pon atención y no opines, ni sugieras porque tú no sabes hacer pozole. Pero yo continúo: ¿Sabe qué? Como que le puso mucho chile, ¿Qué no le debe poner más orégano?

Si yo la critico y al final mi resultado por alterar su receta es un pozole espantoso. ¿Quién se debe callar la boca? El problema es que siempre estamos listos para dar opiniones o sugerencias. ¿Sabes por qué? Porque queremos sentirnos importantes. Queremos ser reconocidos. Yo aprendí la lección a muy temprana edad, con Miss Weeren, mi maestra de historia. Ella estuvo en un convento, estudió para maestra. Se dio cuenta que ser monja no era su vocación y se casó con un científico que trabajaba para el gobierno de Richard Nixon. A ella le tocó andar en la misma limosina que el presidente. A su esposo le pagaban una fortuna y compraron muchas propiedades, todas en Palos Verdes, con vista al mar.

Un día me dijo: "Carlitos, quiero que vengas a mi casa a ayudarme a cortar un árbol.." La entrada a su casa me recordó a Disneylandia. Era como un castillo rodeado de árboles y zacate por dondequiera. Dentro de la casa, la vista era panorámica. Se divisaba la Isla Catalina de la casa, y justamente en medio, una alberca gigante. Yo dije: Yo quiero esto. Esta maestra se convirtió en mi segunda mentora. Le hablé de mis planes, de tener mi propio negocio. De comprarle una casa grande a mi mamá. De lo que quería ganar. Ella me explicó que había dos caminos para lograr mis objetivos. El primero que era el de ir a la escuela, estudiar una carrera y empezar a trabajar. El otro, empezar mi propio negocio y trabajar muy duro. En ese momento decidí dejar la escuela. Yo le dije: ¿Cree usted que yo también puedo llegar a tener una casa como ésta? Ella dijo. Por supuesto. Tú vas a llegar a tener una casa como ésta. Me acordé en ese momento de mi prima. Cuando le dije que quería una casa en Palos Verdes, me dijo: "¡Estás loco!" Pero Miss Weeren me dijo: "¡Por supuesto!"

Como yo seguía al pie de la letra los consejos de Bob, no opinaba, ni le daba sugerencias. La escuchaba y la ayudaba cuando me lo pedía. También la acompañaba a diferentes lugares. Un día me pidió que fuera con ella al Malaga Bank, en Palos Verdes. Miss Weeren manejaba un convertible del año, usaba unos lentes que le tapaban casi la mitad de la cara y no se peinaba. Tenía ese "look" de desparpajo que tienen los que no les importa lo que piensen los demás de cómo se visten, o cómo se ven. Me di cuenta que cuando uno tiene dinero, tiene el derecho de ser como quiera: excéntrico, estrafalario, extravagante. Miss Weeren salió con sus pantalones morados y una playera verde, me dijo: vámonos Carlos.

El Malaga Bank era un banco diferente. Ahí los clientes tenían a su banquero personal. Les tenían una mesa llena de galletas, panes, rebanadas de pastel. Era la primera vez que veía tanta variedad. No se parecían a los que yo veía en la panadería de San Pedro. Tenían café de todos los tipos: expreso, capuchino, latte. Dije, *"ups" aquí está buena la cosa.* Mientras que ella hablaba con su banquero, yo empecé a probar los diferentes pasteles. No paraba de comer, le tocaba el turno a un pastel de fresa. El lugar era tan elegante que tenían a una persona encargada de ponerle crema a los pasteles. Yo le decía, *póngale más, más.* Ya lo tenía en las manos, listo para darle la primera mordida cuando me di cuenta que Miss Weeren no se ponía de acuerdo con el banquero sobre una transacción. Ella había vendido una propiedad y hablaban de millones de dólares. Decidí comerme primero todo el pastel y violando una de las reglas de Bob, me acerqué a opinar.

Lo que le dije, no lo recuerdo, pero nunca olvidaré su reacción.

Me miró furiosa y me dijo: "Carlos podrías ir al carro y traerme mi bolsa" Me di cuenta lo que eso significaba, Era un pretexto para sacarme de ahí, porque yo sabía que la bolsa la tenía con ella.

Me senté en el convertible; después de media hora ella salió. Sin hablar, manejó hasta un restaurante de comida rápida y ahí se estacionó. Yo estaba contento porque pensaba que me iba a comprar algo de comer. Apagó el motor, oprimió un botón y se bajó de manera automática el capacete del carro. El interior del auto se volvió privado. Se volteó hacia mí, lo que vino enseguida no lo esperaba. Sus palabras se me quedaron grabadas para siempre.

"Carlos, jamás me vuelvas a decir qué hacer con mi dinero. Cállate la boca. No me des tus sugerencias, ni tus opiniones. ¡Cállate! ¿Qué puedo aprender yo de ti, una persona que vive en un departamento en la calle Nueve en San Pedro? Lo dijo con tanto desprecio que en ese momento, quería llorar. La quería abofetear. La quería insultar. Me sentí muy humillado; pero fue en ese momento también cuando me di cuenta que lo peor del éxito es que el poco éxito que vas teniendo se te suba a la cabeza. Y los que logran un mínimo de éxito, son los que se sienten superiores y tienen opiniones y sugerencias para todo. Ése era yo en ese momento.

TERCERA REGLA: SIGUE LAS INSTRUCCIONES

BOB ME DIJO: ¨Tú tienes que hacer las cosas como yo te diga, y pobre de ti que no las hagas.¨ Sus instrucciones eran tan precisas, que cuando no las seguía en acomodar la mercancía, él lo notaba inmediatamente. Pero llegó un día en que me dijo, ¨Ya estás listo.¨

Me asignó un espacio para vender cosméticos y me dio instrucciones de cómo debía venderlos. Qué decir y qué no decir. Me dio instrucciones hasta de cómo debía de pararme. Si a la hora de vender, yo decía algo diferente a lo que él me había dicho, se ponía furioso y me reclamaba. "Yo no te dije que dijeras eso." Y me despedía en ese momento. Un día, me llegó a correr tres veces. Las tres veces regresé para rogarle que me diera otra oportunidad.

Para mí Bob era un fanático del orden y la estructura. Pero al final seguí al pie de la letra sus instrucciones y me di cuenta que fueron claves para alcanzar mis metas.

❧ ❧

El problema que tenemos hoy en día es que el ego nos gana y no seguimos instrucciones porque pensamos que nuestras ideas son más originales. Hasta en el vestir buscamos ser originales. Queremos el celular más nuevo, porque pensamos que eso nos hará ver más originales. Compramos zapatos más caros para vernos diferentes. Cada vez que el ego te impida seguir instrucciones, considera lo siguiente: ¿Quieres satisfacer a tu ego ó tener una cuenta bancaria?

❧ ❧

De las personas que adquirieron mis franquicias, hubo una gran diferencia entre los que siguieron mis instrucciones y los que decidieron ignorarlas porque pensaron que ellos sabían más. En un sistema de franquicia, uno tiene que seguir instrucciones, tiene que seguir una guía muy sencilla. Pero el ego de algunas personas era muy grande para aceptar lo que yo les decía. " No Carlos, yo lo voy hacer a mi manera."

❧ ❧

Para todo hay un proceso, hasta para vender en el *swap meet.* Lo que yo quiero es que mandes tu ego al diablo. Tu ego es tu enemigo. Si le haces caso te va a enviar al fracaso. El ego no te va ayudar a salir adelante. Pero si quieres permanecer pobre toda la vida, entonces alimenta tu ego, hazle caso a tu ego y haz de tu ego tu mejor consejero.

Me acuerdo los primeros días de clase en la escuela, todos luciendo sus nuevos zapatos, su ropa de marca. Una competencia a ver quien llevaba la ropa más cara. Yo estaba tan gordo que la pobre de mi mamá batallaba para encontrar ropa de mi medida en la tienda, así que la solución la encontró en una señora que se llamaba Adela. Ella vendía pantalones Levis gigantes, parecían colchas. Se podía cubrir media cama con uno de ellos. Para mi mamá yo no me podía quedar atrás en cuestión de ropa, en la escuela, así que me compró: un Levis rojo, uno verde, uno ama- rillo y uno azul marino. Para ella, las combinaciones eran impor- tantes, así que también me compraba las playeras del mismo color. Yo llegaba a las clases vestido todo de un solo color. Sentía que encandilaba, pero mi mamá me miraba con mucho orgullo. Miraba la reacción de la gente. Unos me miraban con sorpresa, otros con burla y la mayoría con compasión. Pero yo siempre me repetía: ego o cuenta en el banco.

CUARTA REGLA: INVIERTE EN TU APRENDIZAJE

¿QUÉ QUIERES DECIR con que invierta en mi aprendizaje? Le pregunté a Bob. "Tengo que pagar ¨ Sí, y vas a comenzar conmigo. Yo te voy a pagar $40 dólares a la semana, pero te voy a cobrar $20 por enseñarte lo que debes saber para tener éxito en los negocios. Y así lo hacía. Cada semana, sacaba la paca de billetes de su cartera y me decía muy tranquilo, 20 y 20 son 40, y luego tomaba 20 para él y me entregaba los otros 20. La advertencia era la misma. ¨Cuando te quieras ganar los $40 dólares, te los doy, pero de mi boca no sale nada más.¨

Bob me ayudó a valorar los conocimientos. Me di cuenta que la mayoría de nosotros esperamos aprender de un millonario sin pagar nada. La buena educación cuesta y cuando pagamos la valoramos más.

Si tú quieres aprender de alguien, tienes que estar dispuesto a pagar. Fíjense lo que pasa en las escuelas. Desde la primaria hasta ya para entrar a la universidad, no nos enseñan los conceptos básicos del dinero, cómo ganarlo, cómo administrarlo. Y nos dicen, ahora si quieres seguir estudiando, te va a costar y endéudate y pide préstamos al gobierno.

El gobierno te da los préstamos y terminas con un diploma, que muchas veces no te sirve para nada, y sales de la universidad sin trabajo, pobre y endeudado. Si quieres aprender a hacer un negocio, eso no te lo van enseñar maestros de universidades que se pasan toda la vida en juntas y comisiones para inventar programas de estudio que al final no sirven para nada. Vas aprender de un empresario, de una persona que sí sabe cómo funcionan los negocios. Y ese conocimiento hay que pagarlo, hay algo de mágico que sucede cuando tú comienzas a pagar por esos conocimientos.

Yo contraté a una persona con mucha experiencia para que administrara mi empresa. Algunas personas me dijeron: "Carlos, *¿por qué* le vas a pagar tanto a este señor?" Por su experiencia. Porque este hombre tiene conocimientos y experiencia y eso lo necesito. *A otra* persona que consultaba en mi negocio de bienes raíces, le pagaba $3,000.00 dólares por llamada telefónica que me hacía una vez al mes y que duraba sólo una hora. ¿Cuántas casas vendí? Muchísimas, 17 los primeros 90 días, el problema es que nosotros no estamos dispuestos a pagar, estamos acostumbrados a regatear.

❧ ☙

Los momentos de crisis son los mejores para cambiar tu vida. Cuando no tienes dinero; cuando no tienes trabajo, es el momento perfecto para hacer grandes cambios. Y para que haya cambios en tu vida, tienes que cambiar la manera en que haces las cosas. Tienes que tomar riesgos. Si no haces nada, si te quedas sentado, estancado, no va a pasar nada en tu vida. Recuerda, los cambios vienen cuando te arriesgas.

Mi papá nunca compró una casa, y siguió la misma rutina de nunca tener nada. Yo tuve que arriesgarme a comprar una casa a la edad de los 21 años para poder tener algo. Era una casa con vista al puerto. La parte de atrás daba a un área verde inmensa, era como una cañada.

En esa época, esa área pertenecía al gobierno. Yo estaba listo para comprar otra casa, ya tenía listo el préstamo y el enganche. Yo le dije a mi mamá y a mi papá: ¡Me ofrecen una casa!, es de tres pisos. Vista panorámica, 6,200 pies cuadrados, les enseñé las fotos. Los dos me miraron y me dijeron: Hijo, ¿Y para qué quieres otra casa? Para vivir en ella, les contesté, y ésta la podemos rentar. Y cuando ésta se pague. Vamos a comprar otra y así nos vamos a ir. Yo quería hacer lo mismo que había hecho la maestra *Weeren*. Ella me lo había repetido muchas veces. ¨Compra una, vive en ella y luego la rentas y compra otra, vive en ella y también la rentas. ¨ Ella llegó a tener varias casas en Palos Verdes. Yo quería poner en práctica lo que había aprendido. Mi mamá fue rotunda, me dijo: ¨No, no mi hijo. El que arriesga pierde. ¨ Pero cómo vamos a perder si Di Bernardo, el agente italiano, el de bienes raíces, me dijo que esta casa la podemos rentar en más dinero, se va a pagar sola. Ya tengo el 25% del enganche para la *otra*. Mis argumentos fueron inútiles. Mi mamá me dijo que no. *Yo* regresé con *Di Bernardo*. Me recordó las razones por qué sí debía comprar esa propiedad. ¨Mira Carlos, ya no va a haber más terrenos, esta es toda la tierra que hay. Fíjate en el tamaño de ese terreno. Fíjate en la vista que tiene. Ese terreno va a llegar a valer muchísimo dinero. Piénsalo bien.¨

Sí lo pensé y le hice caso a mi mamá. No compré la casa. Mi mamá me dijo: ¨*No* te arriesgues.¨ Yo aprendí que si no nos arriesgamos, nunca vamos a tener nada. No hay que pensar en los "peros." ¨Pero¨ es una excusa. La vida está llena de "peros." También pude haber comprado un edificio de tres pisos de 30,000 pies cuadrados en la avenida más traficada de San Pedro. Mi mamá me dijo: ¨ ¡Ay Mijo!, el edificio está muy viejo, no te vayas a arriesgar.¨ Ese edificio llegó a valer 3 veces más. Pero mi mamá me dijo: ¨No te arriesgues.¨

Mientras que tú estés estancado sin hacer nada, porque no quieres arriesgarte, nunca vas a lograr resultados.

A continuación, te comparto una serie de leyes universales que yo he aplicado en mi vida que me han funcionado. Estoy seguro que a ti también te van ayudar, si las aplicas correctamente.

LA LEY DE LA MENTE

"TODO LO QUE TÚ CREAS, VA A LLEGAR A TU VIDA."
Algunos la llaman "Ley de la atracción" lo que tú percibas en tu mente, eso te va a suceder. Si crees que te vas a divorciar, vas a terminar divorciado. Si crees que te van a correr del trabajo, te corren del trabajo. Si crees que vas a morir en la miseria, te vas a morir en la miseria. Es una ley.

Cuando tú fuiste formado en el vientre de tu madre, Dios te dio algo muy poderoso, tu mente. La mente es el instrumento más poderoso que tenemos. Fue la mente la que logró que pudiéramos volar a 45,000 pies de altura, la que pudo mandar un hombre a la luna. La mente es súper poderosa. Pero así como la mente usa su poder para cosas extraordinarias, también con esa misma fuerza puede crear las peores circunstancias.

La mente nos convence de que somos triunfadores o de que somos perdedores. La mente nos puede llevar a episodios dolorosos de nuestra niñez, en un segundo, como también nos puede dar la solución a todos nuestros problemas en otro momento. ¿Qué hacer con nuestra mente? A la mente debemos controlarla, porque si dejamos que ella nos controle, nos puede llevar por el camino de la depresión. Mi consejo es no dejes que tu mente te domine. Domina tú a tu mente. No permitas que te atormente, ni que te ponga piedras en tu camino hacia el éxito.

Quiero que entiendas algo. Lo que tú crees, determinará si vas a poder hacer o no lo que tú quieres. Tienes que ponerte en la mente grandes cosas y creer en ellas. Tus creencias deben ser fuertes para que respalden lo que quieres hacer.

Tú naciste con una mente tan fuerte que la puedes utilizar para lograr lo que tú quieras. Tu mente es muy fuerte y nosotros tenemos que aprender cómo utilizarla para el éxito, pero también tienes que saber que la mente es tan poderosa que te puede convencer, si la dejas, en que has nacido para la derrota. La forma de controlar a la mente es acercándonos a mentes desarrolladas en las áreas de trabajo, donde nos queremos desarrollar. Si lo que quieres es ser un doctor, acércate y aprende de un doctor. Si quieres ser un mecánico, ¿de quién vas aprender? De mecánicos. En nuestros países, cuando uno quería ser profesionista en algo, se metía a ser aprendiz del que ya sabía. Empezando en la construcción, el albañil siempre tenía su aprendiz quien iba aprendiendo hasta que terminaba también como maestro albañil. Así era en la mayoría de las profesiones, hasta que se inventaron las escuelas de oficios.

Esas escuelas que te dicen, aquí te vamos a enseñar cómo hacerlo, y sales con una deuda que no vas a poder pagar y sin desarrollar las habilidades que necesitas para ganar dinero ahora mismo. La escuela enseña una cantidad increíble de disciplinas: Hacer tareas, terminar proyectos bajo presión, pero no te enseña habilidades para ganar dinero. Imagínate si alguien te hubiera hecho esa pregunta cuando tú llegaste a los Estados Unidos: ¿Qué quiere ser usted? Mesero. Déjeme enseñarle dónde viven los meseros. ¿Qué quiere ser usted? Quiero ser un empresario. ¿De qué va a trabajar? Quiero poner un restaurante. Perfecto déjeme enseñarle dónde están.

Obviamente, esa persona tiene que desarrollar habilidades para poder ser empresario. Esta es una pregunta que todos le deberíamos hacer a nuestros hijos. Muchas veces, nosotros tenemos la culpa como papás porque no apoyamos a nuestros hijos en lo que ellos realmente quieren hacer. Nosotros no les miramos el futuro, pero ellos sí. La gente que hace juegos de vídeo gana muchísimo dinero. Los diseñadores gráficos, los que hacen fotomontajes, Ilustradores, también. Si tú vas a ir a la escuela, asegúrate de desarrollar habilidades que te generen riqueza. Quiero que seas parte del 2%. No importa dónde vivan tus padres o de dónde hayan venido. Eso no determina tu éxito. Eso depende de ti. Yo nací de padres muy humildes, y eso fue bueno, porque aprendí a trabajar duro. Mi papá en 25 años nunca falló al trabajo, con calentura, con diarrea, con lo que sea, él estuvo ahí. ¿Dónde estaba mi papá en todas las fiestas familiares? Trabajando. Esa siempre fue la respuesta. Yo aprendí de mis papás, que el valor al trabajo se lo da uno. No el que paga, ni el que lo supervisa. Somos nosotros los que le dan el valor a lo que hacemos. Eso se llama ética laboral.

❧ ☙

Todas las grandes ideas comienzan en la mente y uno las tiene que sentir, las tiene que absorber, Y LAS TIENE QUE PONER EN ACCION. Lo que tú creas que puedes hacer, determinará lo que harás.

❧ ☙

El 2% inventó IPads, MACs, 25 marcas de cereales, 25 marcas de bebidas para que el 98% las comprara. El 2% inventó modas, que te hacen gastar dinero en ropa; cada verano, cada primavera, cada invierno porque este color ya no se usa. El estilo ya viene diferente. Tengo que verme igual que lo demás. Tengo que estar a la moda. El 2% sacó la locura de decirte que cada año tienes que cambiar el modelo de tu carro; le vamos a cambiar una cosita pero lo tienes que comprar porque el tuyo ya no es igual.

El 2% inventó que lo orgánico debe costar más en las tiendas. Han inventado cosas para sacar el dinero ¿de quién?… Del 98%. El dinero sale del bolsillo del manipulado y va directo al que lo manipula. ¿Cuántas personas conoces que cambian su teléfono celular, no porque lo ocupan, sino porque ya pasó de moda?

Nuestros hijos les dan nuestro dinero al 2%, los hijos del 2% le quitan el dinero al 98%, que somos nosotros.

Vivimos en la era de "lo quiero y lo quiero ahora." Cuando sale un nuevo juego electrónico. Vemos la fila de todos los que quieren ser los primeros en tenerlo. Traemos las bolsas Gucci, sin un dólar en la bolsa, pero nos sentimos bien porque es Gucci. Vivimos en un departamento minúsculo, pero tenemos ropa de diseñador y el juguete electrónico de moda.

Algo que vi muy seguido en mis oficinas de impuestos son los clientes que gastaban el dinero antes de recibirlo. Cuando les decíamos que iban a recibir un reembolso de $4,000 dólares la respuesta era la misma: ¿Y me los puedes dar ya? No, en dos semanas, los va a recibir.

Las llamadas son las mismas: ¿Ya me llegó mi cheque? ¿Ya me llegó mi dinero? Porque me voy a ir de compras. Una vez le dije una clienta, *¿Sabe qué señora?, en lugar de $3,000 dólares le tocan $1,500.* Pero la señora ya se había gastado $3,000 en cosas que no necesitaba.

Gastamos para satisfacer nuestro ego, porque queremos sentirnos como el 2%. Yo no quiero que te sientas como el 2%, quiero que seas parte del 2% y gastando en cosas que no necesitas, no es la manera. Nunca lo vas a lograr. Yo te quiero dar las herramientas que ha usado ese 2% para lograr el éxito económico. Quiero sacarte del mundo del 98% porque vas a terminar amargado, resentido y con muchas necesidades económicas.

Mi objetivo en este libro no es ofenderte, ni tampoco lo hago para caerte bien. Lo que quiero es que cambie tu relación con el dinero. Que sepas que tú también puedes llegar a ganar mucho dinero. Lo primero que quiero que hagas es que te des cuenta que a nosotros nos han enseñado a poner techos, a ser meseros, a trabajar en fábricas, y al 2% le conviene que ahí nos quedemos.

Somos un grupo unido.

En uno de mis viajes a México, visité a una tía en un hospital de San Luis Potosí. Yo no sabía que en esos hospitales del gobierno, si tu familiar ocupa una medicina, el hospital le da la receta al familiar que cuida al enfermo para que vaya a surtirla. Para mí fue una sorpresa ver que hasta para mover o cambiar las sábanas del enfermo, los parientes tenían que ayudar.

El 2% quiere que nosotros pensemos que somos unos desunidos, que no nos importa lo que le pasa al otro. Ahí me di cuenta lo equivocados que están. Afuera de ese hospital, vi una hilera de gente durmiendo en la banqueta. La gente se turnaba las cobijas. "Oiga señora, usted viene con sus hijas, yo ya me eché un sueñito: "¿Quiere usted la cobija para su hijo para que no le cale el cemento?" La gente se compartía la comida. "Oiga señora ¿No quiere la mitad para que se la dé a su niño?" Nosotros lo compartimos todo. "Lo necesitas ahí te va." Tenemos un gran corazón. Y mi meta es que también tengamos una gran cuenta bancaria. Que seamos los más exitosos; lo podemos lograr, siempre y cuando alguien se tome el tiempo de enseñarnos cómo hacerlo. Que alguien nos diga. *Ya trabajaste como burro todo el día para pagar tus cuentas y sacar adelante a tu familia. Ahora vas a tener este part-time y vas a empezar a trabajar en lo que va a ser tu fortuna.* Muchos dicen: Yo no tengo tiempo. Además, ya tengo trabajo, ¡Mentiras! Has contratado a alguien que te está pagando tus cuentas. Si lo miras de esta manera, puedes crecer. Si no lo miras de esa manera, te vas a quedar como el 98%.

Las personas que tienen influencia en este país son las personas de dinero. Si tú quieres ser reconocido, ¡haz dinero! Si tú quieres hacer un cambio en tu país, en este mundo, tú tienes que tener dinero. Porque si tú haces mucho dinero, vas a cambiar no sólo tu vida, sino la vida de muchísimas personas a tu alrededor.

Muchas veces, las personas no entienden por qué el patrón sigue pagándoles el mínimo. Pasan los años y hay personas que siguen ganando el mínimo. ¿Por qué les pagan el mínimo? La respuesta casi siempre es, porque hacen lo mínimo y les están pagando lo mínimo para que no se vayan. Esa es la realidad.

Respecto al dinero, tienes que aprender a administrarlo. Recuerdo mis primos cuando llegaron a Estados Unidos, sus primeros cheques fueron para México, ya el tercero y el cuarto fueron para las botas, las tejanas y los cintos piteados. La realidad es que todos vamos a ganar mucho dinero a lo largo de nuestra vida. Suma el dinero que has ganado en los últimos 5 años. ¿Cuánto dinero fue? Mucho. ¿Dónde está? Se lo dimos al 2%. Teníamos prisa por gastarlo, nos quemaba las manos, más tardaba en llegar a nosotros que nosotros deshacernos de él.

LA LEY DE LA VISIÓN

SI TÚ NO sabes lo que quieres ¿cómo lo vas a obtener? ¿Qué es lo que tú quieres? El 98% no tiene idea de lo que quiere, pero se queja de lo que tiene.

Este fin de semana, visita un *swap meet* y estudia cómo la gente compra las cosas. Compra no porque lo necesita, si no porque alguien más le dice que lo compre. – Oye mira eso, ¿Lo compramos? –Cómpralo.

Cuando llegamos a este país, teníamos metas muy bien definidas: Una casa grande, un carro, un viaje a Hawái. Soñábamos con un yate, Pero poco a poco, nuestro círculo de sueños se fue haciendo más pequeño. Porque el círculo de ingresos se mantuvo pequeño.

El 2% de la población mira ese círculo y dice: "Esto tiene que ser más grande y busca la forma de hacerlo más grande." Nosotros nos quedamos con lo pequeño. Cuando tú pierdes tu visión te mueres. Y los que te rodean, no te ayudan. ¿Tú quieres ser piloto? Pero si ni a carro llegas. ¿Qué quieres ser doctor? Ya llegaras a enfermero. ¡Cálmate! ¿Quieres una casa cerca del mar? Ni que fueras marinero. ¿Quieres una casa grande? Confórmate con tener ya un departamento. Una casa grande, ya te veré con el pago de la casa. ¡Tú estás loco! ¿Para qué quieres una casa grande? ¡Cálmate! ¿Un Mercedes-Benz o un BMW? Te lo van a rayar. Te lo van a robar los "cholos." Olvídate de eso. ¿Para qué lo quieres? Además a esos carros les tienes que echar gasolina de la buena y ahorita cómo están los precios. ¡Olvídate! ¿Viajar? Para que quieres viajar si ya con el *Travel channel* lo vemos todo: Italia, Venecia, España. Es la misma cosa. Prendemos la tele y nos servimos un *Fettucini Alfredo*; haz de cuenta que estamos en Italia. ¿No crees? Hawái "Para qué quieres ir a Hawái. ¿Qué no sabes cuánto cuestan los vuelos? No. ¡Cálmate! Si quieres vamos a la ciudad de Hawaian Gardens" es casi lo mismo.

Soñabas con tener dinero. Y sí lo tienes, el dólar lo guardamos en la bolsa, lo que sucede es que nunca nos enseñaron que hacer para multiplicarlo, al contrario. Tú para qué quieres dinero. Imagínate tú con dinero, si así nadie te aguanta. La gente con el dinero se hace mala. Se hacen adictos a las drogas. La gente con dinero se divorcia. La gente con dinero, olvídate, es la peor del mundo. Tú para qué quieres dinero, mejor quédate aquí en estos departamentos y vive del gobierno.

¿Tú? Un negocio. Oye, si apenas sabes hacer cuentas, ahora imagínate tú con un negocio. ¿Qué vas a vender? Va a estar muy difícil la cosa; en primer lugar, no tienes papeles. En segundo lugar, no hablas inglés. Luego qué vas a vender. Para rentar un local no te lo van a rentar, y luego si vas a un swap meet tienes que madrugar a las seis de la mañana para que te den el espacio. No, olvídate, porque si te va bien en el negocio, te van a robar los empleados, No. No pongas un negocio porque te va ir de la patada, ahorita la economía está muy mal.

¿Y qué pasó con nuestra visión? El 98% de la población desafortunadamente se deja guiar por todo esto. Tenemos miedo de dar un paso, tenemos miedo de hablar con la gente, tenemos miedo de movernos de nuestro espacio. Porque nos convencieron de que estábamos locos por querer algo mejor. Nos dijeron que nada iba a funcionar. Pero la ley dice que tú tienes que tener una visión primero y que luego tienes que agrandar tu círculo para lograrla. La Ley de la Visión dice que si tú quieres hacer grandes cambios en tu vida, tienes que aprender habilidades para lograrla. Una de esas habilidades es la de saber cómo multiplicar lo que ganas.

TU SIEMBRA DE HOY, TU COSECHA DE MAÑANA

ESTA LEY SE considera una de las más poderosas en el mundo de los negocios. Y la pregunta que te debes hacer es: ¿Qué es lo que yo estoy sembrando? ¿Qué es lo que he sembrado? Si no tienes dinero ahora, no es por la economía. La economía no tiene nada que ver. Es la mala administración del 98%. Fue lo que hicieron con todo el dinero que han ganado en los últimos 5 años. ¿Dónde está? Imagínate que hubieran guardado un 10% en una cuenta de banco. Cuanto tendrían ahora. La mamá nos lo dijo cuando estábamos chicos, uno cosecha lo que siembra.

¿Qué fue lo que sucedió? La mayoría no sembró nada. Tú tienes que aprender que lo que vas a cosechar es porque lo has sembrado antes. Y si lo único que haces es culpar de tu economía y de tus fracasos, a todos los demás, tu cosecha será la misma siempre. Nada.

Una de las quejas más frecuentes que escucho en mis seminarios es. *Nadie me apoya. Si yo tuviera quien me apoyara, sería distinto.* Yo les digo. ¿Quieres apoyo? Empieza por apoyar a alguien. ¿Quieres que te ayuden? ¿Tú a quién estás ayudando? ¿A cuántas personas ayudaste la semana pasada? ¿En quién tuviste un impacto positivo? La ley dice, lo que cosechas es lo que siembras. Y esto también se aplica a la gente. Como quieres recibir, si tú no estás dando de ti ¿Cómo quieres que la gente te dé a ti? Si tú no les estás dando nada. Tú tienes que comenzar a ayudar a las personas que están alrededor de ti, y cosas mágicas van a suceder en tu vida.

Naciste con una habilidad, con un don. Puedes contribuir grandes cosas a las personas que están cerca de ti. Empieza hoy y grandes cambios vendrán a tu vida. Quiero que a partir de mañana, cuando te levantes, digas: ¿A quiénes puedo ayudar el día de hoy? ¿A quién le puedo contribuir algo? ¿A quién?

CUANDO TÚ CAMBIAS, TODO
LO DEMÁS CAMBIA

ESTA LEY TE la garantizo 100%. La ley dice: Cuando tú cambias, todo lo demás cambia. Te voy a dar un ejemplo: Cuando llevas tu carro a lavarlo al *car wash* no importa qué tan viejo esté. Cuando sale limpiecito, lo ves más bonito. Cuando te sientas al volante, te sientes diferente. Todo a tu alrededor se ve mejor. ¿Qué fue lo que pasó? Un pequeño cambio y todo cambió. El día que tú estrenas algo, un pantalón, un par de zapatos, ¿qué es lo que sucede cuando los traes puestos? Todo alrededor cambia, cuando uno cambia. Cuando cambias tus reacciones ante lo que te digan los demás, las personas a tu alrededor cambian. Cuando tú cambias, todo lo demás cambia.

LA LEY DEL VALOR ECONÓMICO

TÚ TRABAJO TIENE un valor económico. Si te están pagando 8 dólares la hora es porque tu trabajo vale 8 dólares la hora. Las personas que tienen negocio, la pregunta que más escucho es: No sé cómo cobrar más a los clientes. La manera de hacerlo es que tienes que comenzar a valorar más tu trabajo. Te voy a dar un ejemplo. Hace años, fui a cortarme el pelo. Yo por lo regular iba a un lugar donde cobraban de 5.00 a 10.00 dólares por cortar el pelo, a esos precios yo estaba acostumbrado.

Un día que me iban a tomar fotografías para una publicidad, le llamé a mi fotógrafo y le dije, quiero cortarme el pelo antes de que me tomes las fotos. No sé a dónde ir. Me dijo. No te preocupes, ve con mi amigo en este salón en *West Hollywood*, y en menos de dos minutos me llamó con la cita y ahí voy a un salón que estaba en *West Hollywood*. Llegué y era un lugar muy elegante. La sala de espera era enorme, con mucho arte en las paredes y estatuas en las esquinas. También tenía una fuente que cubría casi media pared. No se parecía nada al salón que frecuentaba en San Pedro. Me atendió un estilista muy sonriente, tendría unos 30 años. Me habló de su negocio, de que ya casi tenía su propia línea de productos para el pelo. Fue una conversación muy diferente a la que estaba acostumbrado tener en el salón de belleza donde yo pagaba de 5 a 10 dólares por mi corte de pelo. Al final. ¿Cuánto crees que pagué por ese corte de pelo? $125 dólares. Y los pagué con mucho gusto. Me gustó mi corte de pelo. Ya no parecía "Cholo," porque cuando iba al de $10.00 dólares, me lo cortaban muy cortito. Cuando me vi en el espejo, dije "Wow!" ¿Este soy yo? Mi *look* era más moderno. Me sentía con una nueva apariencia.

Debes saber que tanto el muchacho de *West Hollywood* que cobra $125 por corte y el peluquero que cobra $10 dólares, fueron a la misma escuela. Los dos tomaron los mismos cursos, acumularon las mismas horas para obtener su certificado que les dio el Estado de California como estilistas certificados. Los dos aprendieron la habilidad de cortar el pelo. ¿A qué se debe entonces que uno pueda cobrar $125 y el otro $10 dólares por un corte de pelo? Será que uno aprendió cómo hablarle a la gente y desarrolló más sus habilidades que el otro. Pregúntate tú ahora. ¿A qué nivel están mis habilidades? Yo tuve mentores que a una edad muy temprana, me introdujeron a un mundo de millonarios. Tuve que escuchar, estar abierto a sus ideas, ser flexible. Yo recuerdo cómo mi mentora, Miss Weeren, me corregía todos los días y a cada momento. "Siéntate derecho." No digas para todo, *You Know*. Ni tampoco te encorves al caminar. Camina erguido, con seguridad. No entres a ningún lugar masticando chicle. Aprende a escuchar más y hablar menos. También me enseñó a comer en lugares muy caros. Cuando te ofrezcan vino, pide probarlo primero a ver si te gusta. Y ahí estaba yo en Newport Beach, bien erguido, bien peinado, pidiendo que me traigan una copa de vino. Oliéndolo, probándolo antes de ordenar una copa. Me sentía millonario.

Yo me desenvolví en dos mundos, en el del 2% y en el del 98%. Durante la semana me la pasaba comiendo tamales en la casa de mi prima y el fin de semana con la maestra en el *brunch* del Ritz-Carlton en Newport Beach.

❦ ❧

Algo que me llamó la atención en México, es observar cómo las clases sociales están muy marcadas. Las personas de clase alta no ven como sus iguales a la gente pobre. "Ni vayas a la Plaza el domingo porque es cuando va toda la indiada." Después entendí que se referían a sus choferes, a sus sirvientas, a las que les cuidan a sus niños. También pude observar que los ricos no se sientan a comer con las personas que les sirven. "Ellos tienen su propio comedor." Eso es algo que no se ve en Estados Unidos. Conozco a gente millonaria que se sienta a comer con sus sirvientes y no se sienten menos por convivir con los que cuidan de sus hijos. Me acuerdo que un día que visité a la Basílica vi a una mujer que llevaba a sus hijos. También llevaba a su "muchacha" que los cuidaba. Escuché su español, muy diferente al que hablamos en Estados Unidos. Nosotros somos muy dramáticos, tal vez por tanta telenovela que vemos. Observé mucho orden y buen comportamiento en esos niños. Ahí sentado frente a la Basílica, recordé lo que mi maestra me dijo muchas veces. Si tú quieres ganar 1 millón, 250 mil dólares o medio millón de dólares tienes que comportarte como una persona que gana esa cantidad.

Domina lo básico de lo que haces.

No importa lo que hagas, ni cuál sea tu profesión, tienes que empezar por dominar lo básico de lo que haces. Te doy ejemplos: ¿Qué tuvo que aprender Michael Jordan? Empezó por aprender lo básico del basquetbol. ¿Qué tuvo que aprender Tiger Woods? Las bases de cómo jugar golf. ¿Qué tuve que aprender yo en el swap meet? Las reglas básicas de cómo vender. Tú también tienes que empezar por conocer lo básico de tu profesión hasta convertirte en un experto en lo que hagas. Así lo han hecho los que triunfan. El problema de la mayoría, es que no quiere aprender lo básico, quiere correr. *Lo básico no me importa, a mí dame lo más avanzado* y la verdad nunca avanzamos, nos quedamos en el primer nivel y no salimos de ahí, porque nos quedamos sin las bases, sin los cimientos.

Mejora tus habilidades para relacionarte con los demás.

Las personas que tienen la habilidad de comunicarse con los demás, de relacionarse con otros, avanzan mucho más rápido. ¿Se acuerdan en la escuela que siempre había alguien que todo lo sabía? Era la persona más inteligente de la clase, pero a la hora de tener contacto con los demás, era tímida, retraída, se aislaba de la gente. No sabía interactuar con la gente. Su sistema de comunicación era un fracaso.

Grábate lo siguiente: La gente es la que tiene el dinero. El dinero no se tiene a sí mismo. Si no sabes cómo hablarle a los demás, vas a fracasar. La habilidad de llevarte bien, de relacionarse con los demás es esencial para el éxito. No importa qué tipo de trabajo hagas, si no te llevas bien con los demás, estas destinado al fracaso.

Muchos me han dicho: pero yo sé hablar con la gente. ¿Sí? Fuera de tu círculo. Fuera de tu familia. Tú tienes que comenzar inmediatamente a desarrollar tus habilidades para relacionarte con la gente. Contesta esta pregunta: ¿A cuántas personas conoces que tienen en sus casas, cosas con su nombre? Tazas con su nombre, medallas con su nombre, almohadas con su nombre, medallas con su nombre. Miramos nuestro nombre y nos encanta. Estamos enamorados de nuestro nombre. Pero a la otra gente, no le interesa nuestro nombre, ni nuestras cosas con nuestro nombre. Ellos no están interesados en ti, ellos quieren que tu les preguntes sobre ellos. El saber relacionarse con los demás es probablemente la habilidad más importante que se debe aprender.

Sabes cuál es la principal falla de un vendedor o de un reclutador de cualquier negocio. Es que no te hacen ninguna pregunta. Empezando con los que se dedican a los multiniveles. Los has escuchado: ¡Me inscribí en algo que te va a producir mucho dinero! Yo te meto a ti, tú vas a meter a dos, el otro va a meter a cuatro y vas a tomarte estas pastillas y este licuado y vamos a hacer mucho, mucho dinero los dos juntos; haz de cuenta una pirámide. Y nosotros vamos a quedar arriba.

Yo vendí muchas casas y nunca hablé de la casa. Todas las propiedades que vendía eran de personas que tenían casas en California pero vivían en otros estados. Yo les hablaba, les explicaba el valor de su propiedad. Aprendí que los mejores clientes son los que no tienen nexos emocionales con la casa. La persona que vivía en otro estado, lo único que le interesaba era el dinero que iba a recibir. Yo nunca le hablaba de la casa.

Una vez me pidieron de favor que acompañara a una agente que rara vez cerraba una venta. Al escucharla, me di cuenta por qué. Esta casa mide 1,200 pies cuadrados, tiene 3 recámaras, esta casa fue construida en 1962, hace 4 años le pusieron un techo y una barda. Yo lo que hacía era que el cliente se visualizara en la casa. "En esta sala tan enorme, ¿dónde va a poner usted la tele?" Me gusta aquí en esta esquina. ¿Y el sofá? Allá; oiga, ¿y el comedor? Vamos a ver la cocina. Yo nunca explicaba la casa, nunca tuve que enseñarle a un cliente una casa más de dos veces. Nunca va a ser la compañía, la industria, o los directivos que manejan la compañía los que van a determinar tu éxito, nunca. Tu éxito va a depender de ti.

¿A cuántas personas conoces que andan brincando de un lado para otro en diferentes proyectos, en diferentes trabajos? Cada vez que los ves, traen algo diferente. Se prenden aquí y mañana se prenden por allá. En todo fracasan. Nada les sale bien. Andan buscando pegarle al gordo. El 98% de la gente quiere ver cómo le pega al gordo y el 2% está enfocado en lo que quiere que no permite que nadie lo distraiga, ni tampoco que lo desanime. El 2% sabe lo que quiere, el 98% no.

El éxito no es un boleto de lotería. El éxito es el resultado directo de lo que tú produces. ¿Qué estás produciendo? De tus fracasos culpas al destino, a Dios, a la compañía y no te das cuenta que se deben a que andas detrás del boleto ganador. Los resultados que tienes en la vida son producidos por tus habilidades; mejora tus habilidades y obtendrás mejores resultados. Entonces valdrás más, y al momento que vales más, obtienes más dinero.

Hay 24 horas en el día, ¿Cómo estás utilizando tú esas 24 horas? ¿Cuántas horas pasas en *Facebook*? ¿Cuántas horas en el *e-mail*? ¿Cuántas horas en la tele? Tú naciste con un alma muy aventurera ¿Te acuerdas cuando eras un niño? Brincabas de cama en cama, te enredabas una toalla en el cuello y eras Superman. Querías volar y lo hacías en tu imaginación. Recupera esa sensación de lograr lo imposible. Tenemos 24 horas en el día, ¿Qué es lo que tú estás haciendo con tus horas? ¿Qué hace Bill Gates que no haces tú? ¿Sabes que hay personas, sentadas en su casa, sin hacer nada, esperando a que se acabe el día? Otros perdiendo el tiempo fuera de sus trabajos, esperando que falte un minuto para entrar porque no están dispuestos a darle un minuto gratis de su valioso tiempo a la compañía o al patrón para el que trabajan. ¨Ah no y yo porque le voy a dar un minuto gratis. A mí que me pague.¨

Hay un principio que no se puede discutir. Todo lo aprendemos por repetición. Repetición. Repetición. Esa es la clave. Muchas personas que van a mis conferencias piensan: "Eso ya lo sé. Ya lo escuché antes." Pero la realidad es que la mayoría registró solo un 10% de todo lo que escuchó. Este es un dato científico. Captamos únicamente el 10% de lo que escuchamos. Por eso necesitamos escuchar lo mismo muchas veces. Cada año puedes ir progresando, cada año puedes ir aprendiendo algo más. Y tendrás resultados. Si quieres ver resultados debes poner atención.

LA LEY DEL DESEO

TODO LO QUE se ha creado surge porque alguien lo quiso, lo deseó. Tú naciste con un deseo específico. Yo no sé cuál es pero tú naciste con un deseo, con un propósito. Todo lo que ha sido creado por Dios, o el Universo, tiene un propósito. Fíjate en las garras de un tigre, fueron diseñadas para cazar. Sus colmillos están hechos para cazar. Hasta ciertos perros fueron diseñados para ciertas cosas. El *greyhound* es un tipo de perro que nació para correr. Es un perro delgado, veloz y lo usan en carreras de perros. *Greyhound* es también el nombre de una compañía de autobuses, creada por el 2%. ¿Cuál es tu deseo? El deseo del águila es volar lo más alto posible. Lo que pasa es que todos nosotros hemos nacido con un deseo interno de hacer grandes cosas. Pero tenemos que identificarlo y llevarlo a cabo. Tenemos grandes habilidades. ¿No te ha pasado que de repente has hecho algo y te has sorprendido de ti mismo? ¿Por qué no haces más de lo mismo? ¿Por qué no sigues sorprendiéndote de ti mismo? En todos nosotros se puede manifestar esta ley universal. Yo te pregunto. ¿Qué deseas tú? ¿Qué deseas en esta vida? ¿Qué tanto deseas triunfar? El hecho de que estés leyendo este libro en este momento, significa que tienes el deseo de triunfar y tener éxito. ¿Pero por qué no lo has logrado? ¿Qué te sucedió en el camino? ¿Qué fue? ¿Quién fue? ¿Quién te dijo que no lo podías hacer? En el camino fuiste programado por las personas que te rodeaban, si vienes de un rancho, significa que te quedaste con la mentalidad de ese rancho. ¿Qué te está deteniendo para avanzar?

Hay muchos que llegan a la ciudad, pero nunca salen del rancho. No cambian de mentalidad. No avanzan. Se quedan con sus mismas costumbres. Sus mismas limitaciones. Tú pregúntate: ¿Saliste del rancho o lo llevas contigo a donde quiera que vayas? ¿Aprovechas las oportunidades que la ciudad te presenta?

Recupera tu entusiasmo.

¿Te acuerdas cuando eras un niño? Con cuanto entusiasmo jugabas. Con cuanto entusiasmo hablabas. Con cuanto entusiasmo esperabas la Navidad, tu cumpleaños, visitar la casa del primo. Con los años, ese entusiasmo ha ido desapareciendo, se ha ido apagando. Por desgracia, el 98% de la población cambió su entusiasmo por supuestas garantías y falsa seguridad. ¨Quédate en este trabajito.¨ ¨No te arriesgues.¨ ¨No quieras subir tan alto porque te vas a caer y te va a doler.¨ De esta manera has vivido. Nosotros hemos cambiado nuestro entusiasmo por un cheque que nos da una falsa seguridad. Nos han dicho: No esperes nada y cuando es nada lo que esperas ¿qué sucede? Eso: Nada. El entusiasmo es un ingrediente indispensable para triunfar. No puedes triunfar sin entusiasmo. El entusiasmo es lo que te hace diferente. Te separa de los demás. El entusiasmo te hace brillar. El entusiasmo fue una cualidad que Dios te dio. Otro regalo que Dios te dio fue el de la persistencia, si no fíjate qué pasa cuando un niño quiere algo: mami, mami, mami, papi, papi, papi, quiero este juguete. ¿Cuántas veces le tenemos que decir que no? Pero el niño no se detiene, no tiene miedo en insistir. Lo sigue pidiendo hasta conseguirlo. No importa que los papás le hayan dicho 'no.' Una y mil veces.

Ahora que ya somos adultos, alguien nos dice "¡No!" Y nos asustamos. Nos quedamos callados. Nos intimidan con esa palabra y no insistimos. ¿Por qué se te fue el cliente? Porque me dijo que no. ¿Por qué no estás buscando trabajo? Ya fui a 10 lugares pero en todos me dijeron que no. No me gusta sentirme rechazado. Mejor me quedo como estoy.

Tú naciste para ser persistente y para ti no debe ser natural aceptar un "No" y darte por vencido tan fácil. Por eso te sientes tan mal cuando lo aceptas, porque vas en contra de tu naturaleza.

Así como está dentro de nosotros el deseo de triunfar, así también llevamos el de la persistencia y otro más: El de la aventura. Pero hoy en día hemos cambiado nuestra alma aventurera por los DVDs. Si quieres acción, réntate una película de acción, si quieres romance, renta una película romántica. ¿Quieres reírte? Renta una película cómica. No tenemos comunicación con nuestra pareja; miramos la novela porque ellos se besan; nos gustan las películas porque hay acción. ¿Cuándo fue la última vez que te divertiste con tu pareja como cuando eran novios?

Sobreponte a tus fracasos.

En inglés esto se define con tres palabras: "Get over it." Perdiste tu negocio. "Get over it." Perdiste el trabajo. "Get over it." Sufriste una decepción. " Get over it." Esto significa: ya sobreponte, ya pasó, ya ni modo. Deja ya de ser víctima Deja ya de verte como víctima. Deja de pensar como víctima. Deja de actuar como víctima. Quítate esa mentalidad de víctima. Si ya perdiste tu casa supéralo. Si te dejó la esposa o el esposo supéralo. Tú y otro millón de personas más han pasado por lo mismo. La realidad es que en el camino al éxito, vas a caerte muchas veces. Te van a poner muchas piedras y vas a tropezar una y otra vez. A mí me pasó. Yo me caí, muchas, pero muchas veces, y me hicieron tropezar otras tantas veces. En un solo tropezón perdí más de 100 mil dólares. Pero no me di por vencido. Me levanté y seguí adelante. Un niño pequeño cuando está aprendiendo a caminar, ¿Qué es lo que sucede cuando se cae? Se levanta. ¿Quién no ha visto a un niño hacer eso? Yo tengo 3 hijos y los vi caerse muchas veces. Nosotros, como padres, cuando los veíamos en el piso, no les decíamos. "Ah te caíste, ahora ahí te quedas. No." Les decíamos, levántate, sacúdete y sigue caminando. Parte del proceso de aprender a caminar es caerse, parte del proceso para lograr tu éxito es caerte. Es por eso que Dios te dotó de la capacidad de sobreponerte, de superar todo lo que te suceda.

Otro regalo que nos fue dado al nacer es el de la fe que es un don milagroso y debemos de ser expertos en utilizarla. Te acuerdas cuando tu mamá te decía:" ya metete a la cama para que no te agarre el Chamuco." O te decía, "si no te portas bien te va a llevar el cucuy." Y tanto nos lo dijeron, que nos la creímos. Bueno hasta juramos haberlos visto. "¡Mira algo se movió: Si yo lo vi. No. No fue el *cucuy*, fue el viento." Algo se movió pero nosotros vimos el cucuy y hasta lo escuchamos. Fue la combinación de la fe y el poder de la mente, que lo hicieron real. Cuando uno tiene Fe, tiene una visión y cuando uno tiene una visión, hay ilusión. Cuando se acercaba la fecha de la Navidad, no dormías porque esperabas con impaciencias los regalos. ¿Te acuerdas? ¿Cuántas veces escondiste el diente que se te cayó debajo de la almohada para que llegara el "Ángel de los dientes" y te diera dinero? Yo lo hacía siempre y mi papá me dejaba un dólar. Y el Conejo de Pascua. Y los huevos de Pascua. ¿Quién te trajo los huevitos mi hijo? ¡El conejo de Pascua! Todo lo hacíamos porque creíamos en ello.

Hoy en día, las pastillas más recetadas en el mundo son los antidepresivos. Porque la gente ha perdido la Fe; no tiene una visión y ya no se entusiasma. Cuando tú tienes Fe de que algo va a suceder, estás ansioso a que llegue, existe una emoción interna que te mantiene a la expectativa, es como la energía que te da Dios para que llegues a una meta.

Tú fuiste diseñado para triunfar. Y tienes que tener Fe de que vas a triunfar y tienes que tener Fe que Dios no te va a dejar tirado, te va ayudar a levantarte. ¿Sabes cómo un águila enseña a volar a su cría? Se lo lleva al pico más alto y lo suelta. Cuando la cría piensa que se va estrellar porque no puede volar, el águila aparece y se lo monta. Así lo hace, una y otra vez hasta que su cría aprende a volar. Es un proceso, pero así es como se aprende. Tú también tienes que aventarte y aprender a volar. Piensa en tu futuro. No pierdas más tiempo. La vida es corta. Mira siempre para adelante.

෴ ෴

Las habilidades cuestan tiempo y dinero y tenemos que estar dispuestos a invertir dinero. La realidad es que nosotros ya estamos invirtiendo dinero, pero no en desarrollar habilidades; estamos invirtiendo dinero al sentarnos a mirar la televisión, estamos invirtiendo tiempo en chismear con las vecinas, con los compañeros de trabajo. Estamos invirtiendo tiempo, o mejor dicho, estamos malgastando nuestro tiempo. Si de la única manera en que yo puedo valer más, es desarrollando más habilidades, tengo que aceptar que esto va a tomar tiempo y dinero. Yo puedo elegir en gastar dinero en divertirme o puedo invertir ese dinero en desarrollar nuevas habilidades, en aprender. Yo puedo elegir gastar cinco dólares en una taza de café, o en ir a comprarme un libro que me enseñe algo. Uno puede elegir cada semana hacer algo diferente, a descubrir algo diferente. Si tú llevas a tus hijos a los mismos lugares que tú vas adivina dónde van a ir ellos. Al mismo lugar. Mejor haz de cada paseo una aventura. Yo lo hago con mis hijos.

– Mijo, hoy vamos a ir a la playa de Venice.

– ¿Dónde queda?

– Quién sabe mi hijo, pero vamos a ir...

– ¡Mañana vamos a ir a la playa de Long Beach!

– ¿A qué?

– A ver.

Tenemos que enseñarles que podemos aventurarnos a hacer cosas distintas cada día. Hay personas que van al mismo restaurante. Visitan a los mismos parientes. Frecuentan a las mismas personas. Van al mismo parque, a la misma playa. Caen en una rutina que termina por aburrirlos y deprimirlos.

LA LEY DEL APRENDIZAJE

DEBES ESTAR DISPUESTO a aprender. Cuando en mis conferencias alguien me dice: "Carlos, lo que tú estás diciendo yo ya lo escuché, ya lo leí." Significa que esa persona no tiene la mente abierta, no está dispuesta a aprender. Tenemos que aceptar que no lo sabemos todo. Tenemos que ser humildes, estar dispuestos a que otros nos enseñen. Pero el ego se interpone y le hacemos más caso al ego que a nuestras ganas de aprender. Qué frustrante resulta cuando una persona me pide un consejo, y cuando se lo doy me dice, "ah, eso ya lo sabía." Entonces si ya lo sabía, dónde están los resultados. Si aplicas lo que te explico en este libro, si pones en práctica estas leyes universales tú también podrás lograr todo lo que te propongas.

El 98% de la población espera que las cosas mejoren, sin tener que hacer nada. Este hombre borracho me tocó. Esa es mi cruz. Esta mujer no me atiende. No sabe cocinar. Me maltrata. Estoy flaco y siempre ando muerto de hambre. Ni modo. El 2% de la población, cuando tiene problemas con su matrimonio, dice: "Tenemos problemas en nuestro matrimonio." Hagamos algo. El 98% de la población dice: "¡Ay! pues a ver si cambia él. No, pues a ver si cambia ella. Pues a ver si cambiamos los dos." Se pasan la vida esperando que cambie el otro y al final de sus vidas, terminan odiándose. Viven una vida miserable. Tienes que entender que hay personas que no piden ayuda, porque les importa lo que piense la gente. La verdad es que si tú andas mal en tu matrimonio, todo el mundo ya lo sabe y necesitas hacer algo, si quieres salvar tu matrimonio. Y esto no es nada más es en tu matrimonio, si tú andas mal en tus finanzas, en tu trabajo, o en lo que andes mal, todo el mundo ya lo sabe. Al 2% no le importa lo que vaya a pensar el 98%. El 2% está muy ocupado en resolver sus problemas. Ahora, tú tienes que entender que no tienes que vivir tu vida guiada por lo que piensa el 98%. ¿Qué te importa lo que piensa el 98%? Tú has vivido tu vida controlado por lo que piensan los demás. Lo haces porque piensas que vas a fracasar, pero ¿qué tal si lo haces y resulta un éxito? Una regla que no me ha fallado es fijarme en lo que está haciendo el 98% y hacer lo opuesto. Esa ha sido una fórmula de éxito en todo lo que yo he hecho.

¿Sabías que Bill Gates no inventó la computadora? No la inventó. Todos estaban enfocados en las computadoras, pero él se concentró en lo opuesto. Dijo, "yo voy a inventar un programa para darle uso a estas cajas." Porque las computadoras en ese tiempo servían para las matemáticas y procesar datos. Gates dijo: "Todos se están enfocando en las matemáticas, enfoquémonos en algo más."

Los tiempos de crisis son los mejores para crear riqueza. ¿Sabes por qué? Porque no tienes competencia. Sólo el 2% está entrenado para lograr riqueza. Si tú desarrollas tus habilidades y te entrenas para aprender cómo debes tratar a la gente, puedes triunfar en grande.

Cuando tú decides cambiar, comienzas a tener una visión y cuando tienes una visión tienes confianza y cuando tienes confianza, cortas toda posibilidad de hacer cualquier otra cosa. Hay personas que son incapaces de tomar una decisión aunque se trata de las cosas más comunes. ¿Vas a venir a la carne asada? "No sé todavía. A ver cómo amanece el día. Yo te aviso. A ver qué dice Dios mañana." Mira si Dios te dio vida el día de hoy, si no amaneciste tieso, no le pidas permiso para hacer las cosas, simplemente hazlas y toma tus propias decisiones.

Tener una visión te lleva a confiar en ti mismo. Cuando confías en ti mismo, proyectas seguridad. Cuando tú te sientes seguro, te vuelves poderoso. Recuerda, lo que alimentas florece, y lo que descuidas se muere. Si tú has sido negligente contigo mismo, si no has alimentado tu visión, lo mejor de ti se está muriendo. No importa cuál sea tu meta, puede ser que tu meta sea la de ser un mejor papá, una mejor mamá, un mejor hermano, un mejor hijo. O quieres dejar de ser esa persona que todo lo deja para mañana. Nada va a cambiar si no tienes una visión y te comprometes a cumplirla con acciones concretas cada día. Cuando uno se compromete, manda una señal al subconsciente y éste empieza a actuar, y casi sin darse cuenta, empezamos a cambiar.

Aprende a reconocer al enemigo del éxito.

Un obstáculo para lograr el éxito es el ego. El ego está presente en nosotros porque nadie nos enseñó qué hacer con él. El ego se manifiesta cuando vivimos recordando cosas dolorosas del pasado. Cuando reaccionamos a cualquier crítica que nos hagan. Entre mayor es el ego, más grande es nuestra reacción. Nos sentimos de todo. Nadie nos puede mirar mal, hablar en voz alta, hacernos una crítica porque explotamos. Ese es el ego. ¿Cómo nos vamos a deshacer de nuestro ego? Muy sencillo, primero hay que identificarlo y segundo, hacer un compromiso formal de no seguir permitiendo que gobierne nuestras vidas y nuestras acciones.

Al ego lo eliminamos cuando nos volvemos más receptivos a aprender. Cuando no tomamos todo personal. Cuando vemos los malos momentos como oportunidades para aprender y crecer como seres humanos. Yo sé lo que es que lo lastimen a uno, que se burlen de ti, que te digan que no vas a llegar a nada, que te critiquen, que no te apoyen. Yo lo sé. Y duele más cuando quienes te lo dicen, son tu familia. Pero, ¿sabes qué?, de cierta manera, tú puedes utilizarlo para salir adelante.

Si tú te enfocas en lo que te pasó sabes que no lo puedes cambiar, pero si tú dices: ¿Sabes qué? No me concentraré en las personas que me dijeron que no iba a poder hacer nada en la vida. Porque a mí me lo dijeron: "Tú qué vas a lograr en la vida si eres un tartamudo; un gordo mal vestido." Si yo hubiera dejado que esas personas me dominaran y les hubiera hecho caso, hubiera terminado siendo un cholo, un pandillero, un resentido con la vida y la sociedad. Lo sé, porque muchos de mis amigos, quienes vivieron lo mismo que yo, terminaron muertos o en la cárcel, porque escogieron meterse en las pandillas, en lugar de salir adelante con el don que Dios les dio. Recuerda todos tenemos un don.

Yo me salí de la escuela en el noveno grado, no terminé la *High School* y la verdad hasta ahora nadie me ha pedido mi certificado.

Cuando empecé a ganar mucho dinero en mis negocios, parte de mi familia empezó a decir que yo era rico porque hacía muchas transas. Según ellos yo vendía drogas.

Cuando compré un Cadillac Escalade, me apodaron "el mafioso." Todo eso me dolió mucho. Recuerdo cuando compré mi primera casa. Mi mamá se la estaba enseñando a mis primas, y cuando le estaba enseñando la recámara principal, yo iba subiendo las escaleras y escuché a mi prima decirle a mi mamá: "Tía, *nadie se la va a creer que Carlos gana tanto dinero haciendo impuestos."* Yo recuerdo que mi mamá de estar tan contenta y orgullosa de la casa, se puso muy triste. El 98% no perdona el éxito. Me llamaron súper ambicioso. "A nosotros no nos importa el dinero." Esa es una mentira, la verdad es que si les importa y lo que tienen es una gran envidia por no lograr el éxito que uno ha alcanzado y no hay sentimiento más peligroso que la envidia.

La envidia destruye el alma. Yo quería sacar a mi familia adelante. Y cuando empecé a tener éxito, fue como echarles un balde de agua fría a los que querían que fracasara. Esto es lo que debes entender: Cuando logres tu meta y tengas éxito en lo que te propongas, hay personas cercanas a ti que te van a odiar por eso. Tienes que saber que tu familia son aquellos que están contigo en las buenas y las malas. Las familias latinas son muy grandes. Hay muchos parientes, tíos, primas, primos, sobrinos. Pero en mi caso, mi familia son mis padres, mi esposa, mis hijos y mi hermano.

La persona que realmente te quiere, te va apoyar siempre para que alcances tus sueños.

LA LEY DEL PERDÓN

CUANDO TÚ PERDONAS a alguien, grandes cambios se van a dar en tu vida. Mientras que tú no hayas perdonado a alguien que te haya hecho un mal en el pasado, quedas estancado en una cárcel de resentimiento. Estás en un prisión y no te das cuenta que tú tienes la llave para salir de ahí.

La ley del perdón, cuando la usas, te da grandes cambios en tu vida. El 98% de la población, no perdona. Vive toda su vida anclada al rencor y sintiéndose víctima de la traición que le hizo el marido, la amiga o algún pariente. Se justifican que no pueden perdonar, pero la verdad es que su ego es tan grande que no se los permite.

Cuando una persona lleva rencor en su corazón, va por la vida con una cara de amargura que se siente y se le nota. Son a los que les decimos, "amargados." Si tú no has perdonado a alguien que te hizo daño en el pasado hazlo ahora. En este momento. Yo recuerdo de niño, los peores momentos de vida, los pasé a la hora del recreo. Jugaban basquetbol, pero a mí nadie me elegía. Una vez un muchacho me dijo: "¡Ay Carlos!, tú estás bien gordo y bien feo." A un niño de seis años eso le duele. Me decían dientes de conejo. Mis tíos me hacían burla. Eso duele mucho. Pero yo aprendí a perdonarlos. A mi papá yo le tenía mucho, pero mucho coraje. Yo tuve la responsabilidad de sacar a la familia adelante y empecé a trabajar muy chico. Yo veía a mis amigos, tenían mejores casas y mi papá seguía trabajando en el mismo lugar, por el mínimo. Y entre mejor me iba, más coraje le tenía a mi papá porque no tenía ambiciones. A mi mamá también le tenía mucho coraje, ¿Por qué se había casado con ese viejo que no nos sacaba adelante?

Mis papás son muy buenas personas, pero no aprovecharon las

oportunidades que la vida les dio. No compraron una casa, no tuvieron una visión para sus hijos. Todo lo que hicieron fue trabajar por el mínimo. Y así vivíamos nosotros, con lo mínimo.

Hay una persona a quién yo tardé mucho en perdonar. Es más, perdí muchos años alimentando el rencor, el odio que le tenía. Hacía planes de las mil formas en que me iba a vengar del daño tan grande que me había hecho. Ese hombre había destruido mi inocencia. Me había dañado para siempre, nunca me iba a recuperar, al menos así lo veía.

Todo empezó cuando a mi mamá se le ocurrió "encargarme" con los vecinos de al lado. Ellos tenían un hijo adoptivo, mayor que yo. Nunca se imaginaron que ese hijo al que veían como suyo, era un perverso. Un abusador sexual. Un niño no sabe cuando alguien lo está abusando La primera vez que lo hizo, no supe lo que estaba pasando. Despertó en mí emociones reservadas para los adultos y también se encargó de inculcarme terror si llegaba a denunciarlo.

Recuerdo un día que mis padres me dejaron, como todos los días, al cuidado de los vecinos. Cuando vi a mis padres irse, tuve la intención de detenerlos y contarles lo que me estaba pasando. Quería abrazarlos, llorar y rogarles que nunca más me llevaran a esa casa, que nunca más me volvieran a dejar solo. Pero no pude hacerlo. Es difícil de explicar el por qué, pero no pude hacerlo. Era costumbre que los papás del muchacho que me abusaba, también se fueran. Siempre nos dejaban solos. Ese día, ocurrió algo inesperado. Su padre regresó antes de lo esperado. Cuando abrió la puerta y vio lo que su hijo me estaba haciendo yo sentí que llegaba mi liberación. Por fin alguien se daba cuenta de lo que me estaba pensando. Estaba seguro que lo molería a palos. Alguien por fin le daría su merecido. La pesadilla llegaba a su fin. Para mi sorpresa, en lugar de agredirlo como yo esperaba, le dijo: "Vístelo y que se vaya." Yo no atinaba a reaccionar. Me sentí tan humillado, tan avergonzado. El padre del hombre que me abusa sexualmente lo descubre y me hace sentir como si yo fuera el culpable. Durante años, repasé la escena en mi mente y me preguntaba el por qué. El efecto de esto en un niño es terrible, devastador. Llegué a mi casa y nunca hablé de lo sucedido. Mis padres nunca me preguntaron nada. Hasta hoy no sé si alguna vez se enteraron. En mi casa nunca se habló de eso. No hubo intervención sicológica, ni terapias familiares. Así fue. Lo que me salvó fue que aprendí a perdonar. Lo que pasó, pasó. No lo puedo cambiar, si no hubiera perdonado a ese hombre, el sentimiento de rencor me hubiera llevado a destruirme a mí mismo. Lo he visto con muchas personas. Pero yo decidí utilizar la Ley del Perdón y me liberé de ese sentimiento que tanto daño me hacía.

Todos tenemos una persona que nos hizo daño y que recordamos siempre. En este momento, te voy a pedir que tomes un pedazo de papel y una pluma y anotes el nombre de esa persona. Con esto vas a quitarle el control que esa persona tiene todavía sobre ti. Puede ser la persona que abusó sexual o emocionalmente de ti. La persona que te traicionó en tu trabajo, el amigo o amiga que te utilizó, el hombre o mujer que te fue infiel. Los padres que te dijeron que nunca llegarías a ser alguien. El pariente que mató tus sueños. El maestro que te dijo que nunca harías nada en la vida.

A mí me pasó en el Sexto Grado. A mí y a todos los demás

que lo escucharon esa mañana que llegó el maestro de malas a la clase. "Todos ustedes son un fracaso y no van hacer nada en la vida." A veces no tiene explicación por qué nos dicen ciertas cosas que nos duelen. ¿Quién te ha dañado a ti?, ¿A quién tienes que perdonar? Anota el nombre de esa persona y cierra los ojos. Tu subconsciente te va a traer la imagen de esa persona. Acto seguido, vas a decir en voz alta: "Yo elijo perdonarte porque fuiste un abusador, un cruel, malagradecido, infiel, malo, borracho, egoísta, ladrón." Sin bajar el tono continúa: "Yo decido perdonarte, te bendigo y te libero." En el momento en que dices "te libero" esa persona se desaparece de tu consciente; se va. Y cuando esa persona haya desaparecido completamente de tu mente, abre los ojos a una nueva vida. Este ejercicio te permite liberarte de esos sentimientos que tanto daño te causan en la vida.

Lo tienes que hacer porque la gente que está adolorida, lastima a otras personas. La gente con dolor busca causarles dolor a otros, esta es una verdad universal. Todos estamos en esta tierra para salir adelante, para triunfar y el peso del rencor no nos deja avanzar. Es tiempo de que te liberes de esa carga. Con este ejercicio, no vas a olvidar lo que te hicieron, pero el impacto en tu memoria va a ser menor y ya no te va a controlar. Para que tú puedas triunfar, no debes causarle dolor a nadie. La Ley del Perdón es una de las leyes que más impacto tiene en nuestras vidas.

Las leyes para lograr el éxito son muy fáciles. Recuerda que puedes elegir entre tu ego o tu cuenta bancaria. Olvídate del ego, con dinero tú puedes tener una gran influencia positiva. Con dinero tú puedes solucionar no solamente tus problemas sino los problemas de muchos. ¿Qué harías tú con mucho dinero?

Algunos líderes religiosos nos dicen que tener dinero es malo. Pero entonces por qué andan ellos en carros lujosos, viven en grandes mansiones y su reloj es un Rolex. Algunos hasta nos amenazan con el infierno si no les damos nuestro dinero. El dinero no es nada malo, el dinero es lo mejor del mundo si haces cosas buenas con él.

Si tú comienzas a administrar bien tu dinero, vas a ver que el dinero se te va a multiplicar, pero tienes que seguir las leyes que te he dado en este libro. Si ayudas a la gente lograr lo que ellos quieren, tú también lograrás lo que tú quieres. Si tú no haces nada por nadie, te vas a quedar en las mismas. Estancado.

LA LEY DE LA PROMOCIÓN

ALGUIEN ESTÁ MIRANDO lo que tú haces. Hace un año, decidí hacer un seminario gratuito. Se registraron más de 300 personas y llegaron como 150 personas, yo me quedé con la mitad del cuarto vacío. Me hubiera dado lo mismo si hubieran llegado 1000 personas. Yo no pensé: ¿Cómo voy a ganar dinero? o ¿Por qué estoy haciendo esto? Yo no le hablé a la prensa, ni a la televisión. Simplemente lo hice porque me nació del corazón hacerlo. Nunca imaginé que a partir de ese seminario gratis, iba a hacer otros y apenas había pasado un año de haber hecho el primero. He estado en contacto con miles que han asistido a mis eventos. Alguien estaba mirando lo que yo hice. Tuve fe, no perdí dinero, invertí dinero. Invertí en mí mismo y al segundo evento que organicé, 100 personas pagaron boleto y al siguiente, 300 compraron su boleto, y esto fue sin ninguna publicidad.

He hecho seminarios a los que han llegado más de 3000 personas y todas han pagado un boleto. Mi mensaje es el mismo, a la gente que quiere triunfar, que quiere salir adelante, le digo cómo hacerlo. La Ley de Promoción tiene que ver con este principio: Hay algo en el universo que dice que si tú le echas ganas, si descubres tus dones y los aplicas, alguien se va a enterar. Pero si te quedas quieto, sin moverte, sin hacer nada la ley de promoción, te va a promover pero al fracaso.

Tenemos que aprender que debemos hacer el mejor trabajo, no por el patrón, tengo que hacer mi mejor trabajo por mí mismo. Si tengo un cliente yo voy a darle el mejor servicio, porque quiero que me recuerde por la excelencia en mi servicio. ¿Cuántas veces has ido a que te den un servicio y te tratan como un número? Pero cuando una persona te da todo de sí misma, se siente. Es algo muy especial y regresas, y lo recomiendas a otros. Cuando una persona está a disgusto trabajando en una empresa, se siente. Se siente cuando esa persona está enfadada. Tenemos que entender, que para salir adelante, tenemos que cambiar el enfoque, debemos enfocarnos menos en nosotros mismos y más en los demás.

Tú sabes ahora cuáles son tus dones, aplícalos. Cuando alguien te diga: "No puedes." Contéstale: "¿Cómo sabes? ¿Cuándo lo intentaste tú?" Si tienes tus metas, si tienes tu visión y alguien del 98% empieza decirte que no se puede, ¿Por qué le vas hacer caso?

Cada vez que veo a una persona vendiendo flores a la orilla de algún freeway en Los Ángeles, mi primera intención es pararme y decirle que esos mismos ramos que está vendiendo a cinco dólares, los puede vender, con un poco de visión, en $45 dólares en otra parte de la ciudad. Tal vez no venda 10 ramos de flores a cinco dólares, pero a la mejor vende cinco a $45 dólares. ¿Quién ganó más? Han visto a las personas que venden sus cocteles de fruta en las esquinas. Qué tal si yo comenzara a vender los cocteles de fruta y los decorara, muy elegantes, muy diferentes y me fuera a las oficinas más elegantes, y llegara con mis cocteles muy bien presentados. Amplía tu visión y tendrás mejores resultados.

❧ ❧

¿Saben por qué fracasan la mayoría de los negocios que abren los latinos en Los Ángeles? Porque quieren hacer dinero con su misma gente. Toda la gente tiene dinero, pero unas tienen más que otras. Si yo abro una tienda donde yo vivo y vivo en un área muy pobre. ¿Quién me va a comprar? ¿Ven la diferencia? El lugar donde hagamos nuestro negocio hace la diferencia. Y por supuesto nuestra habilidad para tratar a la gente. Si andamos con cara de amargura y no sabemos tratar a la gente, no importa a que nos dediquemos, vamos a fracasar.

El poder de una sonrisa.

A la gente le gusta ver sonreír. Si entras a un lugar y la persona te recibe con una sonrisa. De inmediato te sientes bien. Cuando te reciben con cara de amargura, te incomodas, te pones a la defensiva y ten la seguridad que esa persona no va a durar mucho en su trabajo, porque no sabe tratar a la gente. No ha desarrollado ese don que Dios le dio. No ha desarrollado su habilidad de llevarse bien con los demás. Cuando uno aprende cómo hablar con la gente, cuando la trata con respeto y se interesa por ella avanza más rápido en la vida.

LA LEY DEL RESPETO

SI TÚ LE das su lugar a una persona, esa persona te va a dar tu lugar. Honra a la persona y esa persona te va a honrar a ti. Los problemas en una pareja o en una relación se dan cuando ya no hay respeto. El mejor consejo que recibí fue de una prima que ya falleció. "En tu matrimonio Carlos, todo va a estar bien siempre y cuando se respeten. El momento en que dejen de honrarse el uno al otro, la relación muere." Tenemos que comenzar a honrar a las demás personas y ellos nos van a comenzar a honrar a nosotros.

Cada cultura tiene su manera de hacer las cosas. Yo te he dicho que si tú quieres hacer mucho, mucho dinero tienes que desarrollar las siguientes habilidades. Ya las tienes en ti, sólo las tienes que desarrollar.

Habla con la gente. Todos estamos en el negocio de las ventas. El doctor, ¿qué vende? Servicios médicos. ¿Un abogado qué vende? Se vende a sí mismo. ¿Un preparador de impuestos qué vende? Se vende a sí mismo. Igual que todos los demás. Cada uno de ustedes está en el negocio de las ventas. Todos estamos en ventas, para hacer dinero tenemos que vender más nuestro trabajo; nuestros servicios. La pregunta es ¿cómo podemos vender más y mejor? ¿Cómo va a saber la gente que tú estás vendiendo algo si no lo anuncias? Hay gente que piensa que con pasar volantes va a llegar la gente. Tú tienes que salir a vender. Tú debes ser el mejor vendedor de tu producto o de tus talentos. Y cuando alguien te de un buen consejo tómalo. Yo lo hice. Cuando la periodista Alicia Alarcón, muy conocida en Los Ángeles California, me dijo "Carlos, tú necesitas llevar tu mensaje a un medio más grande. Necesitas un programa de radio o televisión para que llegues a miles de personas." ¿Ustedes creen que hubo resistencia en mí? Claro que sí, porque era algo nuevo; tenía miedo a fracasar. Yo nunca había hecho radio o televisión. Pregunté a mis mentores, le pregunté a Alicia cómo le hago. Y ella me dio el mejor consejo: Nada más hazlo y sé tú mismo. Y lo hice y he tenido mucho éxito. Si yo me hubiera quedado con mis pláticas gratis en San Pedro, ¿quién iba a saber de mí? Muy poca gente. Si yo no hubiera vencido mi miedo a hacer un programa de radio y no hubiera logrado lo que he logrado hasta hoy. No estuviera hoy ante ustedes en esta conferencia ni hubiera escrito este libro.

Dondequiera que tú vayas hazte presente.

Y asegúrate que tu mente no esté en otra parte, que tu mente y tu cuerpo sean uno solo y pon atención genuina a la otra persona. Y lo que digas, que sea algo que le interese a esa persona. Concéntrate en sus necesidades, no en las tuyas. Y no olvides que estás ahí para lograr un propósito. Vas a vender un producto, un servicio. Nunca sabes dónde va a surgir tu próximo trabajo. Las puertas se abren cuando las tocas. Habla con la gente, que la gente sepa lo que tú haces y cómo puedes ayudarla. Cuando hablas de verdad con la gente, cosas maravillosas pasan. Quita esa cara de amargura y cuando hables con alguien, no hables de ti. Deja que ellos te hablen de sí mismos.

No te dejes llevar nunca por las apariencias. Las apariencias engañan. Conozco una mujer muy particular. No usa perfume ni desodorante. Usa huaraches. Su ropa es muy humilde. La gente la ve y dice, "qué vieja más apestosa." La verdad es que mi prima tiene un negocio que le produce más de $20,000 dólares al mes. Tiene una agencia de empleadas domésticas que limpian las casas del 2% y a todas les va muy bien.

Reglas para tener una buena conversación.

Sigue este formato cuando hables con una persona y te irá muy bien. Primero habla de su familia. Luego de su ocupación, sigue con las cosas que a esa persona le divierten y al final le entregas tu mensaje.

¿Ganar mucho dinero es malo? Es lo mejor del mundo. En mi pueblo me decían que era malo, pero en este país descubrí que es lo mejor del mundo.

Por qué ciertas personas se ponen las pilas y porque otras no. ¿Qué es lo que las distingue? El enfoque, la decisión, las habilidades, el compromiso. No se trata de venir de papás ricos. Todos tenemos los mismos dones. No importa nuestro origen, ni nuestra apariencia física. Lo que distingue a un grupo del otro es la forma de pensar.

El 98% piensa que puedo comprar en el swap meet. El otro 2% piensa. ¿Qué puedo vender en el "swap meet"? El 98% quiere todo aunque no lo necesite. El nuevo teléfono, un par de tenis nuevo, un carro extra, aunque no lo necesite. Está programado para gastar en lo que no necesita. El 2% crea muchas opciones para quitarle el dinero al 98%. Un error que veo a diario en mis conferencias es que los padres, en su afán de darles a sus hijos lo que ellos no tuvieron, han criado a unos monstruos. Sus hijos no quieren trabajar y lo quieren todo. ¿Es culpa de ellos? No, la culpa es de nosotros, los padres.

Hemos sido programados para gastar, gastar y gastar. El 2% nos convence que debemos consumir ahora todo lo orgánico. Cuesta más los tomates, porque ahora son orgánicos. Ya no nos bañamos si no tenemos *body wash* y estropajo especial para el *body wash* y así muchas otras cosas que si hacemos inventario de todo lo que tenemos en casa y no necesitamos, nos damos cuenta del dineral que hemos desperdiciado comprando cosas que no necesitamos. Y fueron tan inteligentes, que cuando ya nos habían sacado todo el dinero en efectivo nos dijeron: "No te preocupes, te damos crédito." Y nos acostumbraron a estar siempre en deuda. "Saca un carro, nomás son 400 dólares al mes. Si también la televisión, aunque no quepa en el departamento, nomás son 50 al mes. Y la computadora y el teléfono más moderno." Y nos convertimos en esclavos del crédito y nuestra vida transcurre en trabajar nada más para saldar deudas. Hacemos esas cosas porque nos hacen sentir especiales e importantes. ¿A quién le has dado tu dinero? Revisa tu alacena. Vas a encontrar sopas del año pasado, comida vencida. Botes que no sabes ni para qué son y que compraste nada más porque estaban en especial. Hemos sido programados en obtener más y más. Prendemos la televisión y nos están vendiendo el carro, la comida. Estamos siendo constantemente bombardeados con mensajes de compras y más compras.

En las escuelas no nos enseñan cómo administrar el dinero. Ocho horas al día por 12 años de educación son 14,000 horas; en esas 14,000 horas de educación, no hay una hora dedicada a la administración del dinero. Desde que salí del noveno grado, nunca he tenido que hacer un cálculo de álgebra. En la escuela nos enseñaron botánica. Nos enseñaron que matar una rana era mejor que aprender cómo cuidar nuestro dinero.

Pero el sistema escolar que tenemos nos dice: "ve a la escuela por 14,000 horas, y cuando la termines ve y paga por tu educación

universitaria y pronto tendrás una deuda que vas a tener que trabajar toda la vida para cubrirla." ¿Es éste el plan financiero que
quieres seguir?

Lo que debemos aprender son habilidades que podamos aplicar en el mercado actual para ganar dinero. Ve a la escuela, obtén
todas las certificaciones posibles, pero asegúrate que es algo
que tú le puedas sacar dinero. ¿Sabes cuál es el criterio del 2%
cuando manda a sus hijos a la escuela? Nosotros los mandamos
a la escuela para que sean asistentes médicos, de maestros, de
enfermeras y nunca ganen más de $10 la hora. El 2% los manda a
Harvard, Stanford, USC. Nosotros los mandamos a los Colegios
Comunitarios.

Cuando la gente tiene deudas es fácil de controlar. La gente
que debe dinero está en pánico, tiene miedo. No duerme.
Toma responsabilidad de tus finanzas. La gente rica se aprovecha porque nadie nos enseñó a cuidar nuestro dinero. Nadie te
enseñó que la forma de aprender es a base de repetición y correc-
ción. Si no lo repito, no lo voy a aprender y si nadie me corrige no
voy a mejorar.

Tienes que entender que tú eres un bien que produce dinero,
lo que sucede es que se lo has estado produciendo a otra persona. Ahora lo que tienes que aprender es cómo vivir con menos.
Esa es la única manera que vas a poder salir del hoyo. Tú ya
haces mucho dinero, pero lo desperdicias. Si comienzas a cuidar
lo poco que tienes, serás bendecido con más. El resto del año la
puedes pasar sin comprar una prenda más. No la necesitas, usa lo
que tienes. Cuando vayas a comprar algo, pregúntate esto: "¿Lo
quiero o lo necesito? ¿Cuál va a ser el resultado de esta compra?"
Si son frijoles, me los voy a comer. Si es arroz, me lo voy a comer.
Si es una computadora, es porque voy a comenzar un negocio.
La realidad es que tú ya tienes dinero, a lo mejor no la cantidad
que tú quisieras, pero tú ya tienes dinero, simplemente no lo

has administrado correctamente. Tú tienes que hacer una lista de todo lo que estás gastando cada mes, y tienes que encontrar la manera de reducirlo. Tenemos que comenzar a mirar nuestro presupuesto y lo primero que vamos a ver es lo que gastamos en comida. Empieza en tu cocina. No vas a comprar comida hasta que te acabes lo que tienes.

Enséñales a tus hijos que si quieren algo, todos deben ahorrar para comprarlo. Yo lo hice con mis hijos y resultó. De cada cosa que querían, les decía, "tenemos que ahorrar" y cualquier centavo que encontraban, me lo daban. Yo podía comprar lo que ellos querían, sin problema, pero quería enseñarles a ellos que para tener algo, hay que juntar primero el dinero. Y que no es fácil. Muchos padres lo que hacen es comprar el amor de sus hijos, yo también lo hice un tiempo, hasta que aprendí.

Tenemos que comenzar a vivir con menos, si yo puedo vivir con menos, ¿tú por qué no? Hay personas que viven endeudadas toda su vida porque no toman el control de sus deudas. Miran su situación como un monstruo, no saben por dónde empezar. Lo que debe hacer una persona para salir de sus deudas es pagar primero la que tiene el menor balance. Es decir paga lo que debas menos dinero. ¿De dónde vas a agarrar el dinero para pagarla?, pues de los ahorros que hiciste durante el mes.

Te va a dar mucho gusto cuando la liquides. Una vez que lo hagas, destrúyela. Sigue eliminando los excesos en tus gastos de todos los días y te vas a sorprender de todo lo que puedes ahorrar. Vas a empezar a tomar control sobre tus deudas y tu dinero. También tu ánimo va a cambiar. Vas a sentirte más seguro, el miedo ya no te va a dominar y vas a poder dormir tranquilo por primera vez en mucho tiempo.

Observa a las personas que más dinero tienen y te vas a dar cuenta que son las que gastan menos. Ellos cuidan su dinero. Ellos aseguran dos cosas: el carro y la casa. Mandan pagos extras a la deuda del carro y pagan en la mitad de tiempo su casa. Mandan pagos adicionales a sus deudas, cortando otros gastos que no son necesarios. Pagar deudas es fácil, cuando eliminas los excesos y tomas el control de tu dinero.

Te aseguro que si abres tu refrigerador y ves lo que tienes de comida en la alacena, podrías comer más de dos semanas, sin necesidad de comprar nada. Te garantizo que la mayoría de las personas pueden hacer lo mismo.

REGLAS PARA AUMENTAR TUS INGRESOS

H AZTE MÁS VISIBLE, conversa más con la gente, interésate de manera auténtica en los demás. No lo hagas por conveniencia, hazlo porque de verdad quieres saber de ellos y ellos se convertirán en tus clientes. Si la gente no te está comprando, comienza a analizar las conversaciones que tienes con ellos. Aplica la fórmula que no falla. Habla primero de ellos, interésate en ellos y luego entrega tu mensaje. Entre más personas conozcas, aumentas las posibilidades de tener más clientes.

Delega. No quieras hacerlo todo, todo el tiempo. Tienes que empezar a desarrollar gente. Empieza a crear líderes. Un buen empresario, eso es lo que tiene que hacer. Hay personas que por no gastar, quieren hacerlo todo. Invierten su tiempo en cosas que otros las pueden hacer por menos. Tu tiempo vale más.

Yo sé hacer diseño gráfico. Me encanta hacerlo. Me fascina hacer *websites*. Pero llega un momento en que sé que mí tiempo debo dedicarlo a dirigir mi empresa y dejar a otro que haga el trabajo de diseño gráfico. A las personas que te rodean, tienes que ayudarlas a hacer lo que tú estás haciendo.

El 2% está en las oficinas de sus corporaciones y el 98% se la pasa ganando el mínimo. Tienes que ponerte las pilas, tienes que invertir tu tiempo en la siguiente manera. El 80% debes de dedicarlo a buscar más negocio. El 19% tienes que estar cultivando nueva clientela. El 1% es solución de problemas.

Pero qué es lo que sucede. La mayoría de nosotros cuando tenemos un problema paramos todo. ¡Oh, tengo que solucionar este problema! Págale a alguien que ya tiene la experiencia para que te lo solucione.

Tú tienes que buscar y desarrollar talento, tienes que prepararte al 100% ¿sabes cómo tú vas a saber qué estás listo para apoyar a otra persona? Cuando tengas resultados, al momento en que tú comiences a tener resultados, entonces habla.

Dondequiera que te encuentres, puedes prosperar.

Muchas personas se pasan la vida esperando el momento para comenzar ese negocio, realizar ese proyecto. En su mente repasan todos los detalles, todas las cosas que van hacer cuando llegue el ¨momento adecuado¨ para iniciar su negocio. Para ellos tener todo antes de empezar es una necesidad. Rechazan aquellos que empiezan con poco. Desdeñan a los vendedores ambulantes, los consideran inferiores. *Personas pobres que inspiran lástima.* "Pobrecito, anda vendiendo chácharas." Se les escucha decir cosas como: "Yo no voy hacer esto porque no es lo que quiero." No se dan cuenta, que deben empezar con lo que tienen enfrente. Con lo que está a su alcance. Yo empecé en un swap meet, no porque yo lo hubiera preferido, sino porque fue lo primero que tuve a mi alcance.

Muchos rechazan las posibilidades que tienen a su alrededor. Rechazan los negocios familiares. Resisten las ventas. No se dan cuenta que la mejor profesión del mundo consiste en vender. Quieren abrir el mejor y más grande negocio sin desarrollar sus habilidades.

No seas una de esas personas que se la pasan planeando y soñando. Es mejor hacer algo que no salga bien, que tener algo perfecto en la mente y nunca realizarlo.

Siempre he dicho que: El que busca sólo la riqueza, encuentra la pobreza. Lo que hace falta en el mundo de hoy, es una nueva generación de empresarios en donde no proliferen los que estafan, los que abusan, que lo más importante para ellos den un servicio eficiente; dispuestos a dar el primer paso.

Cómo se da el primer paso: hazte la siguiente pregunta: ¿Qué es lo que está enfrente de mí que me puede generar ingreso? Las personas que te rodean, te buscan por alguna habilidad. Eres bueno para arreglar carros. Esa puede ser la semilla de tu éxito. Tal vez lo hayas hecho toda la vida y nunca cobraste por hacerlo.

No te conformes con sobrevivir, tu meta debe ser dejar una herencia a tus hijos, generar empleos. Hay un grave error en la idea general de que el que vende es pobre y el que compra es rico. Al contrario, se está dando una transferencia de dinero entre dos individuos el que sale ganando es el que vende, no el que compra. El dinero va de las manos del consumidor al emprendedor. ¿Con cuál de los dos te identificas tú?

Los tiempos en que tú podías depender de un solo trabajo, ya no existen. Ahora tienes que generar tu propio trabajo. Y debes motivar a tus hijos a no ser empleados sino, desde pequeños, deposita en ellos la semilla para que sean emprendedores.

Fuimos programadas para producir, trabajar y gastar. Nadie nos habló de la importancia de desarrollar nuestras habilidades. Un empresario es el que sabe administrar, toma decisiones, tiene iniciativa, se arriesga, invierte en sí mismo y en su negocio. Los que tienen dinero, saben administrarlo, no gastan por emociones, sus gastos son planificados.

No te quedes en pequeñeces. Que el conformismo no se

adueñe de tu voluntad y te quedes estancado. Dondequiera que te encuentres puedes prosperar. Empieza ahora.

Aprende a reconocer tus decisiones equivocadas.

Tener una cuenta de banco, una casa grande en Palos Verdes, en la que toda mi familia estuviera cómoda, bajo el mismo techo, fue mi objetivo y lo logré. Con lo que no contaba era que las influencias negativas de los parientes se iban a colar por las rendijas de las puertas de esa residencia e iban a destruir mi armonía y la de mi familia.

Así fue y llegó un momento en que consideré que estaba rodeado de ingratitud y entré en una etapa de desinterés. Ahora sé que fue una depresión. Vi aquella casa como la responsable de los problemas. Y decidí liberarme de ella. Así que dejé de pagarla. Que se pierda, pensé. Fue una forma de poner orden en un caos emocional. Nadie entendía lo que me estaba pasando, pero yo lo veía como una forma de castigar a los que no apreciaban todo lo que les estaba dando.

Había comprado la casa diez años atrás, había subido mucho de valor. No pensé en eso ni en las consecuencias, simplemente pensaba en castigar a los que me rodeaban, dejé de enviar el pago. Tenía el dinero para hacerlo, pero pasaron los meses y un día recibí una llamada de un amigo que muy alarmado, me dijo: "Carlos, van a subastar tu casa." Quería una explicación, porque sabía que no era por falta de dinero. No le di ninguna. Llegó la fecha y la casa se vendió. Los muebles los saqué a la banqueta y los rematé a precios ridículos. Obras de arte que me habían costado miles de dólares las daba en 50 dólares. 20 dólares. Todo lo vendí ese mismo día, incluida las recámaras.

Al semana siguiente, recibí la visita del nuevo dueño. Un muchacho, no pasaba de los 30 años. Me dijo que no sabía cómo, pero que él había ganado la subasta. "El banco no se presentó a comprar la casa como primera opción. Ellos perdieron esa oportunidad y mi oferta fue la que aceptaron." Cuando me dijo el precio que aceptaron me resultó irrisorio. Me explicó que era dueño de otras propiedades que estaba dispuesto a vendérmela. Sólo me pedía 50 mil dólares más del precio que había pagado por ella. Le dije: "No. Fue tu suerte. Tú te quedas con ella." Esa noche, como ya había vendido los muebles, dormimos en el piso. De parte de mi esposa no hubo reproches, ahora veo que entendió que yo necesitaba hacer eso para empezar de nuevo. Nunca hubo un reproche de su parte por lo que hice.

Ahora mirando hacia atrás, me doy cuenta que todo lo que hice, el negocio, la casa para mis padres, los muebles caros, los autos último modelo. Todo lo hice para ser reconocido y también para que me lo agradecieran. Al no sentir el reconocimiento, ni recibir el agradecimiento que esperaba me dolió mucho y sin medir las consecuencias decidí perderlo todo.

En lugar de sentarme y plantear una solución en la que todos pudiéramos ganar, me dejé llevar por mis emociones y tiré todo a la basura para castigar a los seres que más quería. Si alguna vez te encuentras en una situación similar, te recomiendo hacer lo siguiente:

- Visualiza la situación y busca una solución que no afecte tus intereses, ni los de tu familia.
- Explora otras opciones.
- No veas lo peor de las circunstancias.
- Toma conciencia de tu participación en el problema.
- No te deshagas de lo que tienes.
- Busca la solución y ve hacia adelante.
- Identifica los conflictos emocionales entre las partes.

Muchas veces, nos encontramos en estados emocionales que

para salir de ellos sentimos que debemos hacer cosas drásticas. Yo lo hice y esa decisión, lo que ahora llamo, esa lección, me costó una casa con valor de un millón de dólares.

Perdí mucho dinero, pero gané en madurez. Ahora ya no busco el reconocimiento. Lo que hago me sale del corazón y ya no impongo lo que pienso en los demás, mi error fue que quise que toda mi familia quisiera lo que yo quería para ellos. Mis papás estaban contentos con su espacio, con su rutina, con sus recuerdos. Y yo los saqué de su zona de confort. Me impuse y me los llevé a una casa grande, lejos de su barrio y los rodee de cosas que para ellos eran innecesarias. Ahora veo que su actitud a la defensiva era provocada por su temor y ansiedad a lo desconocido.

Otro error que cometí fue llevar a mi esposa a vivir a la casa grande. En mi afán de tener a toda mi familia bajo un solo techo, no les di a ninguno el espacio que requerían.

Te recomiendo que si quieres ayudar a tus papás deja que ellos te den la pauta. No impongas tus deseos y respeta sus decisiones. Con lo que te he contado te preguntarás cómo terminó todo. Lo primero fue buscar una casa para mi esposa y mis hijos. Mis padres tienen su propio departamento y nuestra relación es ahora mucho mejor.

EL CÁNCER DEL ÉXITO: LAS DEUDAS

CON DINERO EN las manos, es fácil convertirte en un adicto a las cosas, eso me pasó a mí. Llegué a tener cuatro carros último modelo en la puerta de mi casa. Mi mercado favorito era COSTCO, porque ahí podía comprar todo. Cada viaje eran tres carritos llenos de mercancía. No importa que ya tuviera una televisión, *pero esta es más nueva. Tiene más cosas.* Otra plancha, otra licuadora. Más cereales. Los que tenemos en casa ya están viejos. Son de la semana pasada. Mi estatus de comprador compulsivo me daba el privilegio de contar con uno de los empleados que me ayudaba con mucha disciplina a acomodar en la parte de atrás, de adelante y hasta en los costados de la camioneta de lujo, todo aquello que había comprado.

Cada vez que salía de esa tienda me sentía el más feliz, porque una vez más había comprado todo lo que había querido. Se cumplía el deseo que siempre había tenido desde chico cuando me repetía una y otra vez. Cuando tenga dinero, no me voy a privar de nada. Voy a comprar todo lo que yo quiera y así lo hice. Compré cosas porque tenía el dinero para hacerlo, no porque las necesitara.

Pronto me di cuenta que a pesar de tener tantas cosas, el vacío interno se me hacía más grande. Olvidé todos los consejos de mis mentores, acumulé riqueza y me olvidé del principio de ejercer juicio en mis compras. *Nunca te dejes llevar por la emoción a la hora de comprar, compra lo que necesitas, no lo que quieres. Eso me había dicho muchas veces mi primer mentor y decidí ignorarlo.* A la larga, eso puso en peligro mi independencia financiera.

Mi relación con el dinero se volvió tóxica. Quería demostrar que podía comprar todo lo que yo quisiera. Me perdí en el éxito. Me olvidé de los principios fundamentales que te he mencionado en este libro.

Mi sueño americano se convirtió en tener y gastar y entre más tenía, más gastaba hasta que llegó el día en que me di cuenta que mis deudas superaban mis ingresos. Fue en ese momento en que desperté a mi nueva realidad la de estar lleno de deudas y la de estar malgastando mi fortuna.

Mi nueva condición de deudor me permitió reflexionar sobre lo que estaba haciendo con mi dinero y decidí detener ese tren de gastos que de seguirlo, me llevaría a la ruina. Fue en esa época en que me di cuenta del peso enorme que significa tener deudas. Conocí a mucha gente que vivía cheque a cheque, con deudas que pensaban que no iban a poder pagar jamás. Profesionales que trabajaban sólo para pagar sus préstamos de estudiantes. Amas de casa agobiadas por el peso de los préstamos que no les iba a permitir tener una casa propia.

Decidí crear un método que permitiera salir de deudas. Debía existir una forma de liberarnos de esa esclavitud y no seguir víctimas de los bancos y del sistema que nos tiene convencidos que estar eternamente endeudados es algo normal. Es algo que debemos aceptar y que es natural. Qué todo mundo lo hace. Nada más lejos de la verdad. Estar endeudado no es natural. No es saludable. No debe ser una forma de vida. Las deudas te limitan, te esclavizan a situaciones humillantes y es un cáncer que termina con tu tranquilidad y eventualmente afecta tu salud física y mental.

Tú también puedes salir de deudas con este sistema. Es sencillo y efectivo. Síguelo y pronto verás que es una realidad. Y no necesitas ganar más, con lo que ganas ahora vas a poder salir de tus deudas.

Recuerda, no importa cuánto ganes, si no tienes disciplina vas a seguir gastando todo tu dinero y no vas a salir de tus deudas.

Primer paso. Te voy a enseñar a vivir con menos.

1. En una hoja de papel contesta a las siguientes preguntas: ¿Cuánto ganas tú y el resto de la familia, tu esposa, tus hijos?¿Cuánto dinero entra en total a tu casa?

2. A dónde se está yendo el dinero. ¿Cuántos teléfonos celulares tienen? ¿Cuántas computadoras? ¿Cuánto se gasta en comidas fuera, incluyendo las idas al café?¿Cuánto se gasta en el cable cada mes? ¿Cuántas cajas de cable hay en la casa? Me he encontrado con casas que tienen dos refrigeradores. Uno en la cocina y otro en el garaje. También he conocido familias que tenían un carro ¨extra¨ para las emergencias. Al observar ese despilfarro, se me ocurrió la idea de crear *La Liposucción Financiera*. Un método sencillo que ha ayudado a miles de personas a eliminar sus deudas.

Estos son los pasos que debes seguir. Recuerda que no se trata de vivir por mucho tiempo con menos. Sólo el tiempo que te va a tomar salir de tus deudas:

1. Si tienes teléfono celular y teléfono de casa, corta el de la casa.

2. Planea lo que vas a comer durante toda la semana.

3. Tus compras de comida a partir de hoy y hasta que pagues

la última deuda, las harás en las tiendas de 99 centavos. La única diferencia entre los productos de estas tiendas y los otros mercados es que la fecha de vencimiento está muy próxima, y por eso cuestan tres veces menos. Así que compra nada más lo que vas a consumir.

4. Improvisa en tu cocina. Cocina todo lo que tienes, antes de salir a comprar algo más.

5. Haz un inventario de todo lo que tienes en tu casa y no usas. Incluye ropa, juguetes, herramientas, muebles, ropa y todo aquello que puedas vender. Una venta de garaje es lo más recomendable. Te vas a sorprender del ingreso que vas a lograr al vender todo lo que has acumulado en tu casa.

6. Si tienes un carro extra para emergencias, véndelo.

7. No más comidas en la calle, ni durante la semana ni el fin de semana. A los hijos se les debe hacer partícipes de este plan. No habrá pizzas, ni idas a ningún restaurante. Y explicarles que esto será solo temporalmente, mientras pagan deudas.

8. Los paseos de domingo no van a ser al *Mall* sino a otros lugares. La playa, el parque, las montañas y la comida se llevará de casa. Una vez que esto se lleve a la práctica, el dinero que sobra, porque va a sobrar ahora dinero, se va a distribuir de la siguiente manera:

La primera tarjeta que se va eliminar será la que tiene el balance más chico. Es decir, vas a empezar a eliminar las deudas de tus tarjetas del balance más pequeño al más grande.

El primer mes vas a encontrar que cuentas con una cantidad extra que no tenías el mes pasado. Esta cantidad debe ser producto de todas tus ventas y ahorros que hiciste con todo lo que te sobraba. Vas a tomar la cantidad completa y la vas aplicar para pagar tu deuda más pequeña. Una vez que elimines la deuda de tu primera tarjeta vas a aplicar los ahorros del mes, más la cantidad que abonabas a la tarjeta cancelada y vas a atacar a tu segunda tarjeta. Y así sucesivamente las irás eliminando una por una hasta que no tengas ninguna deuda de tarjetas.

Paso siguiente, una vez eliminadas tus tarjetas de crédito, enfócate en la deuda de tu auto. Todos los abonos de tus tarjetas que pagabas antes más los ahorros del mes deben ser para pagar tu carro. La clave de este sistema es mantenerte enfocado y no desviar ningún fondo a otra cosa que no sea pagar tus deudas. Esto no es fácil, se requiere de mucha disciplina, pero la recompensa final es tu libertad financiera.

El no tener deudas nos permite darnos lujos que no podíamos tener antes. Te sugiero el siguiente ejercicio familiar que te traerá nuevas satisfacciones y le servirá mucho a tus hijos en su crecimiento social. Establece que las comidas afuera se harán una vez al mes, pero no al restaurante de siempre. Elige un restaurante elegante, averigua los precios de los platillos y elige llevar a la familia durante el horario de *lunch* o durante la *happy hour*. Los precios son más accesibles. Tendrás la experiencia de convivir con tu familia en un lugar diferente donde el servicio sea de primera y la comida será de calidad superior. Planea un viaje de fin de semana. El no tener deudas de tarjetas de crédito te permite disfrutar más con tu familia. Explora un viaje en un crucero. Los cruceros son muy económicos cuando se hacen fuera de la temporada alta. Ese es el secreto de las familias felices, haberse liberado de la esclavitud de las tarjetas de crédito. Si sigues mi método, tú también experimentarás esa libertad financiera que tanto deseas.

DESCUBRE TU SAZÓN Y ÚSALO PARA TRIUNFAR EN LA VIDA

TODOS NACEMOS CON ciertas características que nos hacen únicos, no sólo en nuestro físico, sino también en nuestra personalidad. Imagina que la vida es una salsa gigante y cada uno de nosotros le ponemos una sazón especial. Unos aportarán una sazón amarga, otros dulces, otros picosa y algunos agridulce.

¿Cuál es tu sazón? Empecemos por entender que para hacer una buena salsa necesitamos de un buen chile. En la comida mexicana, el chile es esencial para una buena salsa. Yo tengo un tío, Manuel, que sin chile no puede comer. Sabemos también que hay una gran variedad de chiles: los hay amargos, picosos y hay chiles que tienen un sabor agridulce.

Ahora te voy a pedir que te identifiques con un tipo de chile de acuerdo a las siguientes características:

El jalapeño

El jalapeño es muy alegre; es el alma de la fiesta. Es muy sociable. Es el primero que se levanta a bailar. Es hiperactivo. No se puede estar quito. Siempre tiene que estar haciendo algo y se le ve listo para la acción. Le gusta la aventura. Explorar lo desconocido.

Por desgracia, estos jalapeños cuando eran niños, se les puso la etiqueta de *niños especiales* por su hiperactividad y a muchos de ellos se les quiso controlar a base de medicamentos. Los jalapeños son divertidos, pero no esperes de ellos la puntualidad ni el orden. Se fascinan con los colores vivos y les gusta estar a la moda. Les emociona el cambio. Para llevarte bien con un jalapeño debes descubrir que es lo que lo motiva y hacer el proceso divertido. No lo abrumes con reglas ni sistemas. El jalapeño tiene un don muy especial: inspira a los demás. Cuando te sientas triste. Comunícate con un jalapeño y te dará 10 razones porque no debes estar deprimido.

El serrano

El chile serrano es muy fiel, más que hablar, les gusta escuchar. Siempre está dispuesto a ayudar a los demás. Busca el contacto con su familia y no se olvida de sus amistades. Le gusta vestir con sencillez, para el serrano la comodidad es más importante que la moda. Es de noble espíritu y es el primero en cooperar cuando se trata de ayudar a otros. También son fáciles de convencer para los préstamos. Los serranos aparecen donde quiera que se necesita ayuda. Se apuntan como voluntarios. El dinero para ellos es un medio, no un fin. Por eso no lo piensan cuando alguien se acerca a ellos con una necesidad. Se la resuelven aunque él se quedé sin nada. El problema que tienen los serranos es que la gente, fácilmente, se aprovecha de ellos. Prestan el dinero fácilmente. Muchas veces no lo recuperan. Son amigos fieles y siempre están disponibles. Detestan las confrontaciones y le huyen a los problemas. Los serranos empresarios se ven en problemas económicos muy seguido, porque no saben cobrar.

Los serranos tienen un don muy especial, siempre están dispuestos a aprender. Saben escuchar y se esfuerzan para que los demás estén cómodos; pero muchas veces, en el proceso de pensar siempre en los demás, salen muy lastimados y se pierden en el camino y no logran sus propias metas.

El chipotle

La primera vez que probé una salsa de chile chipotle pensé que no estaba bien preparada, tenía un sabor muy distinto. Con el tiempo aprendí a saborearla y ahora uno de mis platillos favoritos es pollo asado en salsa chipotle.

El chipotle es muy franco, a veces se pasa de franco y suena rudo, insensible. No le gustan los dramas. Ni las situaciones a medias. Para ellos lo blanco es blanco y lo negro es negro. A él dile sí o no, pero no le digas ¨a la mejor.¨ Con el chipotle vete al grano, no le andes con rodeos. Los chipotles son personas muy organizadas, no les gusta el desorden. En su closet tienen su ropa organizada de acuerdo al color, la temporada. Sus zapatos lucen impecables. Sus calcetines y ropa interior siempre bien doblada en sus respectivos cajones. A la hora de comer, todo debe estar en determinado lugar. Se alteran si el salero se lo cambiaron de lugar o le hace falta algo en la mesa antes de comer. Todo a su alrededor debe estar ordenado y si alguien altera ese orden, llegan a perder los estribos y le gritan a la persona responsable.

El chipotle sigue y defiende las reglas en todas las áreas de su vida. Es también muy cuidadoso en el vestir, pero su vestimenta es de hace dos décadas. Nunca va a la moda. Su concepto de moda es que la prenda esté en buen estado para usarla. No se desprende de las cosas con facilidad. Lo puedes ver durante varios inviernos, usando los mismos suéteres y los mismos trajes. Para él todavía sirven.

El chipotle tiende a madurar más pronto que los demás y eso le hace desarrollar un buen juicio. Los consejos que dan son atinados y analizan todo. Son analíticos por naturaleza y eso los hace ver como personas frías, pero no es así. Lo que pasa es que está procesando y analizando todo antes de dar una respuesta.

El habanero

Tú sabes que te has encontrado con un chile habanero, cuando a la primera mordida sientes que te va a salir humo por las orejas de lo picoso. El chile habanero es un chile que demanda mucha atención.

Al habanero le fascina los retos, nunca se queda callado y nada se le hace difícil. Es muy emprendedor y también es muy observador. Mientras que otros viven preocupados por la falta de dinero, el habanero sale y busca algo que hacer. Busca un trabajo, empieza un negocio. Explora oportunidades. Su problema es la estabilidad. No se queda en un solo lugar por mucho tiempo.

Al habanero le gusta que lo admiren, busca los halagos. Busca además de dinero, fama y reconocimiento. Presume de sus amistades y de sus logros. Para él, la modestia no existe y no le gusta que otros le den instrucciones. Son determinantes, crean sus propios métodos para hacer sus cosas y siempre creen estar en lo correcto. Son fuertes y siempre llevan sus planes al campo de acción. Les fascina lo bueno, buscan las marcas y compran cosas caras. Al habanero le gusta compartir y convivir con otros, siempre y cuando todos se sujeten a sus reglas. Posee una dosis extra de confianza. Nació para ser líder. No teme el cambio y se arriesga. Su único problema es que al final se queda sólo porque le resulta difícil aceptar las debilidades de los demás.

Tu sazón

¿Ya identificaste tu sazón? Ya sabes a que familia de chiles perteneces.

Gran parte de mi vida la viví frustrado, pensaba que nadie me entendía. Pensaba que la forma en que yo pensaba y que hacía las cosas era la mejor, la más inteligente, la más correcta. *Por qué no pueden hacer las cosas como yo las hago.* Tal vez tú estás en esa situación. Todos tienen la culpa, menos tú. Es tu patrón. Tu pareja. Tus hijos. Tus hermanos. Sin darte cuenta que el problema eres tú, que no sabes cómo comunicarte con ellos. Y esto va a tener un gran costo en tu vida.

Para mí todo cambió, el día que me di cuenta que la única persona que a quien yo podía cambiar era a mí mismo. Me di cuenta que no podemos cambiar a nadie, pero si podemos cambiar el modo en que reaccionamos y tratamos a los demás.

Recuerdo que cuando iba a Los Ángeles, California a comprar mercancía para mi negocio, me fascinaba ver como los dueños de las fábricas, que por lo regular eran japoneses, se esforzaban por comunicarse con las personas que sólo hablaban español. A diferencia de otros comerciantes que no hacían ningún esfuerzo por hablar con la gente que les preguntaban cosas en un idioma que no conocían.

Me di cuenta que al final los que perdían, eran los dueños de los negocios donde no había nadie que se pudiera comunicar con los compradores latinos. Porque ellos llevaban dinero para comprar. Eran buenos clientes. Los japoneses salían ganando porque ellos terminaban haciendo las ventas. Mi mensaje con esto es que no seas tú el que salgas perdiendo porque no sabes cómo comunicarte ni tampoco sabes reconocer a tus clientes. Si no te tomas el tiempo para aprender como comunicarte de manera efectiva con los demás, cuando te dirijas a una persona, va hacer como si le estuvieras hablando en un idioma que no conoce.

Te he dado el ejemplo de los chiles para que identifiques las diferentes personalidades y sepas como tratarlas. Imagínate a un habanero queriendo cerrar una venta con un serrano. El serrano le va huir al habanero. Se va a sentir atacado por éste. Posiblemente esto te ha sucedido a ti. Has tenido tratos fallidos con diferentes personalidades porque no has sabido cómo tratarlos. Tienes que aprender a ser muy versátil, cuando estés en compañía de los serranos tienes que saber cómo tratar a un serrano, lo mismo va para cuando te encuentres con un jalapeño, chipotle o habanero.

A continuación te comparto puntos claves sobre cada personalidad.

Los jalapeños

A los jalapeños les fascina lo divertido y sencillo, a ellos no los aburras con muchos detalles. Les fascina el contacto con le gente, salir a tomar un café y especialmente ir de compras. Cuando estés en contacto con los jalapeños recuerda:

- Simplificar la conversación, para ellos muchos detalles aburren.
- Ser amistosos y dinámico.
- Mantente positivo y no hables de lo negativo.
- Para ellos es ver para creer.
- Mantén la comunicación interactiva.
- Comparte testimonios o historias para reforzar tus puntos.
- Mantén la conversación informal.

Los serranos

Para poder compartir con un serrano entiende que a ellos les gusta mucho el contacto directo, especialmente si ya te conoce. Aquí tienes algunos puntos clave que debes de tener en mente cuanto tengas contacto con un serrano.

- Escúchalos, la parta más importante de la conversación son ellos.
- No les gusta la confrontación, hazlos sentir seguros.
- Apóyalos para que te hagan preguntas.
- Mantén el control de la conversación.
- Dales suficiente información, pero no muchos detalles.
- Testimonios de otros los ayudarán a tomar una decisión.
- Sé auténtico, no exageres, ni mientas. Ellos lo percibirán de inmediato.
- Mantén la conversación relajada, que tu tono de voz sea natural.

Los chipotles

Con el chile chipotle casi nunca habrá engaños pero tampoco sabrás lo que está pensando. A los chipotles les fascina los detalles y tienes que estar bien preparado. Ellos te harán preguntas que no esperabas. Para ellos no es tan importante el contacto directo, una llamada telefónica o un correo electrónico, para ellos es suficiente.

- Si no tienes todas las respuestas, dile que le darás la información en cuanto la tengas.
- Enfócate en los pasos necesarios.
- Debes de ser muy detallado, entre más detalles le des, más cómodo se va a sentir.
- Dale datos y comparte estadísticas.
- Muéstrale el cómo y él por qué.

- Mantente relevante en la conversación.

Los habanero

Los más importante para un habanero es saber el cómo le va a beneficiar a él. Al habanero le gusta lo directo y conciso. Ellos pueden terminar de pronto la conversación si sienten que no mantienes su ritmo. Cuando te encuentres con un habanero, toma en cuenta lo siguiente:

- Informales por que los resultados finales le beneficiarán a él.
- No te excedas en los detalles. Para ellos lo importante son los resultados.
- Muéstrales el cómo los puedes ayudar hoy y en el futuro.
- Enfatiza el ahora, a ellos no les gusta esperar.
- Deja que dominen la conversación.
- Interésate de manera genuina en la historia de sus logros.

El secreto de la gran salsa.

La gente es la que sostiene la llave para tu próxima oportunidad. La gente es la que tiene el dinero y si tú tienes una comunicación efectiva con cada persona que tratas, lograrás independencia financiera. No seas como el 98% de la población que se quejan que nadie los entiende y sólo se preocupan por ellos mismos. Elige ser parte del 2%. Utiliza todos los días lo que he compartido contigo en este libro y comenzarás a ver los resultados. Este conocimiento te va ayudar a entender mejor a los demás. Vas a juzgar menos y te vas a llevar mejor con los que te rodean. No olvides, cada quien tiene su lugar en este mundo; cada quien tiene su don, cada quien tienes su sazón.

Posiblemente has aceptado la mentira que tú no eres bueno

para comunicarte con la gente, que no eres bueno para expresarte y has adoptado la actitud que nadie te entiende. O al contrario, tú hablas con todos pero no obtienes el resultado que deseas. Puedes saber mucho pero si no sabes cómo tratar con la gente tu éxito será muy limitado. Te recuerdo que yo tartamudeaba y como te mencioné al principio, yo fui hasta mi adolescencia muy gordo. Mi autoestima andaba por el suelo. No hablaba mucho con la gente. Fue cuando aprendí que si quería tener algo en la vida, tenía que hacer cosas que nunca había hecho en mi vida, como la de vender en un swap meet y acercarme a personas triunfadoras. La experiencia que tuve en el swap meet de hablar con cientos de personas, me permitió conocer diferentes personalidades y gracias al conocimiento que obtuve de mis mentores, aprendí a reconocer sus diferentes motivaciones y personalidades.

ÉXITO CON FE

E L CONCEPTO QUE tenía yo de fe cuando era niño, era el escuchar a un cura que se la pasaba regañándonos en misa. No entendía mucho lo que decía, lo que me quedaba claro es que estaba enojado. Un domingo mi mamá dejó de llevarnos a la iglesia y regresábamos nada más cuando se trataba de un bautizo, quinceañera o el funeral de algún pariente.

Mi otro encuentro con la fe se dio en Junior High. Una amiga trató de reclutarme para su religión. Fui a lo que ella llamaba Servicio. Me sorprendió ver tanta gente bailando y cantando. Yo no estaba acostumbrada a ver esas explosiones de alegría en un lugar dedicado a Dios, se me hizo como una falta de respeto. *En la iglesia no se debe gritar ni echar tanto brinco.* Mi amiga me explicó que eran alabanzas al Señor y que, el suyo, era un Dios vivo y que tenía una relación personal con él. Me contó como él la había alejado de las pandillas y que ya no era rebelde y que se llevaba muy bien con sus papás. Yo me fui de ahí pensando que mi amiga no estaba bien de la cabeza cuando me decía que tenía el poder de hablar en lenguas y que Dios se comunicaba con ella. *No la miraba tan importante como para que Dios dejara lo que estuviera haciendo y se comunicara con ella. En ese caso también se hubiera comunicado conmigo.*

En otra ocasión, un amigo me convenció de que su iglesia si

era la verdadera. Eso me pareció una afirmación peligrosa, así que decidí acompañarlo. Ya había empezado a leer la biblia, pero la versión que tenía era en inglés antiguo y me costaba mucho trabajo entenderla. Después descubrí otras traducciones escritas con lenguaje sencillo. De esa experiencia, sólo recuerdo el énfasis que ponía el hombre, a quien mi amigo me había presentado como el Pastor, en la importancia de dar el diez por ciento de lo que uno ganara a su iglesia. Su sermón estuvo lleno de amenazas. *¡Ay de aquel que le robe al Señor y no le dé el diezmo que le corresponde!* A continuación dio una amplia explicación de todas las formas en que los presentes podían cumplir con lo que él llamaba una orden dejada en la biblia. También aceptaba cheques y tarjetas de crédito. Me fui de ahí sin despedirme de mi amigo.

Ahora me doy cuenta que mi vacío espiritual era tan grande que lo trataba de llenar con cosas materiales. Llegué a tener tres carros del año. Hasta que alguien me dijo algo que cambió mi vida. Fue mi primera mentora, Mis Wareen. Su experiencia como ex monja la hacía una autoridad en cosas de fe. "Carlos la relación que tengo con Dios no es a través de ninguna iglesia, ningún pastor o sacerdote. Mi relación con Dios es personal." Esa mujer tenía una gran fe. Ella me enseñó que tener fe, era decidirse a hacer algo, sin saber el resultado final. Es aventurarse y tener fe de que va a salir todo bien.

A través de los años y en mis seminarios, me he dado cuenta que hay un gran déficit de fe. Hemos perdido nuestra conexión con la fe. Nos paralizamos. La pensamos mucho antes de hacer algo. Nos cuestionamos. ¿Qué tal si me va mal?

Yo descubrí lo siguiente. Si tú piensas que te va ir bien. El camino se vuelve más fácil. Otro descubrimiento fue el saber que había una biblia escrita con un lenguaje sencillo, que podía entender. En la primera página que abrí se hablaba del entendimiento, después descubrí que la palabra entendimiento aparece 134 veces en la biblia.

Yo lo puse en práctica. A mí me funcionó. El espíritu de entender y comprender que no llegamos a este Universo desprotegidos, sino que el Ser Supremo nos mandó con un regalo. Nuestra obligación es descubrir el regalo que llevamos dentro y desarrollarlo.

En Éxodos tu encuentras este concepto: A todos nos ha sido dado: entendimiento, sabiduría y toda clase de habilidades. Y si no las usamos seremos castigados. En pocas palabras, si no valoras tu regalo, si no lo usas, lo pierdes. Para mi ese regalo son tus habilidades. Si no las desarrollas, si no te tomas el tiempo de averiguar cuáles son tus talentos. Si te quedas en el mismo trabajo ganando el mínimo toda la vida, significa que no te diste la oportunidad de ponerlas en práctica y te fueron arrebatadas.

He tenido la experiencia y lo he visto en mis seminarios, que la gente que no fue a la universidad, ni tiene diplomas de ninguna clase, cuando desarrolla sus habilidades, llegan más alto que muchos otros que salieron de la universidad y tienen diplomas y certificados. Desarrolla tus conocimientos, júntate con alguien que sabe más que tu.

Si no tomas decisiones en tu vida, nada va a cambiar. Si estás trabajando en una fábrica. ¿Qué estás haciendo para salir de ahí? Tú eliges, ¿Quieres perder los regalos que ya están dentro de ti o quieres desarrollarlos? Si eres una de esas personas que dice. *Nací pobre y pobre me voy a morir.* Pregúntate si piensas eso, porque eso mismo piensan tus parientes o tus amigos. Si es así. Debes salir de ese ambiente que te tiene atrapado. Cambia de amigos, cambia de barrio.

Cuántas veces has visto un producto o servicio y te has dicho: *Yo tuve esa idea.* La diferencia es que la otra persona actuó y tú te quedaste con la idea. Naciste para triunfar. Puedes elegir seguir como estás, o separarte de los que te mantienen como estás y tener fe de vas a lograr lo que te propongas. La gente te va a criticar, para ellos es mejor que te quedes como estás. No van a perdonar tu éxito. Eso me pasó a mí. Muchos no perdonan el éxito. Pero hay un ser superior que te diseñó para el éxito. ¿A quién le vas hacer caso?

Busca el entendimiento, solamente con entendimiento puedes crecer. Si vas a la escuela, pide entendimiento. Todos los días, en la mañana. En tus oraciones: *Lléname de entendimiento*. Que no te duela la indiferencia de tus parientes, porque tuviste éxito. *Los mediocres no perdonan*.

Nacer en un hogar pobre, en un país de grandes desigualdades, donde las oportunidades se dan para unos cuantos. Es nacer con desventajas. Yo nací con esa desventaja. Si esa fue también tu circunstancia. En eso no tuvimos opción. Eso no lo escogimos, ni tú ni yo. Nacer en la pobreza es dolor, pero continuar en la misma pobreza es una elección. Tú tienes ahora todas las herramientas para salir de esa pobreza. Y ahora ve y *Ponte las Pilas*.

CPSIA information can be obtained
at www.ICGtesting.com
Printed in the USA
FSOW03n1004130716
22684FS